社会問題に挑んだ人々

Hideyuki Kawana
川名英之

花伝社

社会問題に挑んだ人々◆目次

第4章 核兵器

第5章 難民・人種差別・分断

まえがき

政治や社会をもっとよくしたい、世のため人のために役立ちたいという積極的な意思を持ち、その真意が多くの人々の共鳴を得て実現が困難と見られていた社会問題が解決されたケースが少なからずある。個人の力は小さくとも、社会問題の改善・解決に寄与できるのだ。そう思って、社会問題の解決を目指して、身を挺して取り組んだ、世界と日本の人びとの足跡について紹介したい。

社会問題とは社会全体で解決しなければならない問題である。そのように共通認識されている問題は数多くある。ここでは便宜上、①感染症・医療、②地球温暖化・植樹運動、③公害・環境汚染、④核兵器、⑤難民・人種差別・分断の五項目を選んだ。そして各項目二〜五人、終章も合わせて全部で一八人を「社会問題に挑んだ人々」として、それぞれが何を目指し、どのように取り組んだのかを一冊の本にまとめた。

よりよい社会は、高い志を持ち、窮地に陥っている人々の幸せを願う、心の温かい人々の手によって築かれる。本書は名誉心も欲得も持たず、よりよい社会のために献身的に力を尽くした人たちが歩んだ、貴重な人生記録である。

第1章

感染症・医療

1　感染性を指摘して罰せられた李文亮医師

ウイルスの感染性を知らせて警察から訓戒処分

中国の湖北省武漢では二〇一九年一二月一五日から原因不明の肺炎患者が増え始め、翌年一月二日までに四一人が感染した。このうち海鮮市場（華南水産卸売市場）の関係者は二七人で、残り一四人は海鮮市場に行っていない。一四人はどこで感染したのか、不明である。患者たちは予約手続きが要らず、費用の安い診療所に通った。

二〇一九年一二月二七日、武漢市中心病院は原因不明の肺炎患者の検体を北京の検査会社に送り、武漢市衛生健康委員会にも報告した。三〇日、検査会社から武漢市中心病院に「SARS（重症急性呼吸器症候群。二〇〇二～二〇〇三年に流行）だ」という回答が届いた。SARSと新型コロナウイルスはよく似ているため、見間違えたらしい。

同日、武漢の中西医結合病院でも医師がウイルス性肺炎の疑いのある患者四人に共通する症状を武漢市江漢区疾病制御センター（CDC）に報告した。これを受けて、武漢市衛生健康委員会は三〇日、管轄区の医療機関に対し「原因不明の肺炎患者が次々に見つかっている。患者数を報告するように」と緊急通知を出した。武漢市から連絡を受けた中国政府の国家衛生健康委員会は「湖北省の武漢市で未知の感染症が発生した」と発表した。国家衛生健康委は、この時点では新しい感染症のウイルスについて何ら情報を持っていなかったため、感染症が発生したことだけを発表したのである。

この頃、武漢市中心病院に勤務する三三歳（当時）の眼科医、李文亮《りぶんりょう》医師は勤務先に入院している原因不明の肺炎患者の治療に当たっていた。李は遼寧省錦州市北鎮市出身。二〇〇四年に七年制の武漢大学臨床医学部に入学し、眼科を専攻。卒業後、廈門市で三年間働いたのち二〇一四年、武漢市中心医院に勤務した。

二〇一九年一二月三〇日午後、李は、流行している新しい疾患のウイルスを患者から検出することに成功、同日午後五時四三分、大学の同級生など約一五〇人でつくっているSNSのグループチャットに「我々の病院の救急科に隔離されている七人が華南海鮮市場でウイルスに感染したことが確認された。いまウイルスのタイプを調べているところだ」と投稿した。そして患者の検査結果と肺のCT検査（X線を使って胸部の断層写真を撮影する検査）の写真も送った。

李はなぜ、それらの情報をSNSで医師仲間に知らせたのだろうか。この問題で、李に最初にインタビューしたのは、中国の独立系雑誌『財新』の記者だった。李は、「重視していたのは臨床業務に就いている人に予防を心がけるよう注意喚起することでした。私も元同級生とのやりとりでこの件について知ったのです。当時は患者がここまで多くありませんでしたが、アウトブレイク（感染爆発）を起こすのが怖かったんです。このウイルスとＳＡＲＳはとても似ていましたから」と語った。

このインタビューから、李がウイルス情報を医師仲間に知らせた動機には「内部告発」というような気負いは微塵もなかったことがわかる。武漢市は人口約一一〇〇万人。中国有数の工業都市である。放置すればウイルスの感染が武漢を中心に爆発的に拡大し、大変な事態になる――李には、感染の拡大を未然に防がなければならないという医師としての使命感があったのだろう。

翌三一日、武漢市当局は「原因不明のウイルス性肺炎患者が二七人、発生した」と発表し、同市の衛生健康委員会は「一部の医療機関で診察した多くの肺炎患者が『華南海鮮卸売市場』と関係していることが判明した」という内容の「通報」をホームページに掲載した。同委員会はまた、「新しい感染症は人から人へ感染する証拠はない。状況はコントロールできる」との楽観的な見解を表明した。同日、中国政府はＷＨＯ（世界保健機関）に、武漢市で新型肺炎のクラスターが発生していることを報告した。

二〇二〇年一月一日、武漢市公安当局（警察）は、李文亮がウイルス情報を投稿したことを知り、李を含む八名を「デマを流布した疑いがある」として処罰したと発表した。

李らは、管轄区域の武漢市公安局武昌区分局中南路街派出所に呼び出され、事情聴取のあと、「（ＳＮＳへの情報の投稿は）社会秩序を乱す行為で、法律違反だ。反省しなければ、法律により処罰する。わかったか」ととがめられた。李は「はい」と答えたが、結局は「法律に違反した」として「SNSで流した情報は正確ではなかった。以後、注意します」と書かれた訓戒書への署名を求められ、訓戒処分を受けることとなった。李は『財新』の取材に対し、「署名しなければ、この状況から脱け出せないと思い、署名した。この件については家族にも知らせなかった」と話した。李以外の七人も、それぞれ処分を受けた。

武漢市衛生健康委員会はこの処分のあと、「原因不明の肺炎に対する適切な治療についての緊急通知」をネット上に発表し、その中で「いかなる機関及び個人も許可を得ず、みだりに治療情報を外部に発信してはならない」と強調した。これについて、李は後に、「人々が公共の衛生状況に対して心配するのも理解できます。自分にとって今重要なのは、汚名を返上することではない。本当に重要なのはその真相だからです。健全な社会に必要なのは様々な声です」と語った。

李文亮医師が緑内障患者の治療中、新型コロナに感染

二〇二〇年一月八日、李文亮医師は武漢市中心医院で閉塞隅角緑内障を患っている高齢の女性患者を診察し、治療した。この患者は翌九日に発熱し、肺炎の症状が見られ、一四日後の二三日に死亡した。李はこの患者の治療中に新型コロナウイルスに感染したらしく、一月一〇日に発熱、同じく肺炎の症状が現れ、一二日からは集中治療室で隔離治療を受けることとなった。

一月三一日、李は集中治療室の病床にありながら、警察から受けた訓戒書をSNSでアップロードし、呼び出されて取り調べを受けるまでの経緯や尋問の受け答えについても詳しく述べた。また、先述の『財新』の取材に応えて、流行している疾患が人から人へ感染する感染症であることについては、①緑内障で入院していた女性患者の肺部分のCT検査の結果、原因不明のウイルス性肺炎に罹患していたこと、②彼女の世話をした娘も発熱を起こしたこと――の二点から、「これは明らかな人から人への感染です」と言明した。その後、李医師の病状は悪化の一途をたどった。

中国政府が一転、人から人への感染を認める

二〇二〇年一月一一日、中国のメディアは新型コロナウイルスによる初の死者として、武漢市の六一歳の男性が亡くなったことを発表した。この男性は日頃、華南海鮮卸売市場に買い付けに通っていた。これにより騒ぎは一気に拡大した。翌一二日、中国科学院武漢ウイルス研究所など国家衛生健康委員会の指定機関が、WHOに対して新型コロナウイルスのゲノム配列情報などを提出し、これが全世界で共有された。初期対応は遅れたが、情報公開についてはSARSの時に比べれば一歩前進した。

一月一四日、地方の保健衛生行政に携わる感染症専門科学者たちを一堂に集めた全国的な会合が開かれた。会合では「新しいウイルスには多くの不確実性が残されている。さらに感染が

拡大する可能性を排除できない」として、多くの疑問に結論を出すことができず、その後六日間、大規模な感染拡大に至る可能性を内部で議論し続けた。

その結果、一月一九日の専門家チーム非公開会議で「新型コロナウイルスは人から人に容易に感染する」との結論に到達した。同日、新型コロナウイルス状況応急研究チームのリーダーに就任したのは、国家衛生健康委員会ハイレベル専門家の鍾南山《しょうなんざん》医師であった。鍾は八三歳（当時）。感染症対策の権威であり、中国でSARSが大流行した二〇〇二年から二〇〇三年にかけて、感染の中心地となった広東省で広州市呼吸器疾病研究所の所長として采配を振るった。

専門家チームの会議の結論が出ると、鍾らはその日のうちに北京に向かい、国家衛生健康委員会トップの馬暁偉《ばぎょうい》氏に、新型コロナウイルスに人から人への感染性があることを報告した。翌二〇日朝、六人の専門家が共産党と政府の中枢、孫春蘭《そんしゅんらん》副首相に会って同様の報告をし、これを受けて政府は新型コロナの感染防止対策を本格的に始動させた。

鍾南山は同日夜、国営中央テレビのインタビューで「新型コロナウイルスが人から人へ感染していることは間違いない」と言明、国民に新型コロナウイルスへの警戒を呼び掛けた。感染症研究の第一人者の警告とあって、翌二一日には武漢市や上海市など各地でマスクを買い求める人の行列ができた。

一月二七日、鍾グループ長は広東省広州市で開かれた第二回目の記者会見で、「中国が二〇一九年一二月から今年一月初めにかけて厳格に感染防御措置を取っていたら、感染者は大きく減っていただろう」と発言した。

この日、習近平国家主席は新型コロナウイルスの感染拡大の抑止に関する重要指示を公布した。習主席はこの中で、①疾病拡大の勢いを断固食い止めなければならない、②患者の治療に全力を挙げよ、③疾病に関する情報を遅滞なく発表し、国際協力を強化しよう——と強調した。

武漢市が封鎖され、SNSで「日記」が流される

二〇二〇年一月二三日、湖北省武漢市は感染症を封じ込めるため、同日午前一〇時より、武漢天河国際空港から離発着する航空機の全便を欠航、地下鉄を含む電車、バス、川を航行する客船、武漢発の航空機や高速鉄道など市内の公共交通機関の運行を一時停止し、市内に通じる道路を閉鎖した。武漢は人口一一〇〇万の大工業都市だが、この封鎖措置により、怖いほど静かな街に変わった。

武漢市に住む女性作家方方（本名・汪芳）は、武漢封鎖から二日後の一月二五日から三月二四日までの約二か月間、毎日日記を書き、ブログにアップした。

方方は魯迅文学賞を受賞している、元湖南省作家協会主席、中国を代表する女性作家の一人で、六五歳（当時）。方方は中国政府が三週間もの間、無為無策だったために新型コロナウイルスの感染者が急増を続けたことへの怒りなどを日記に書き綴った。例えば、一月二六日の日記には、「彼ら（地元政府の役人）には責任を免れる余地は全くない。もっと奮い立ち、贖罪

の意識と、それ以上に責任感をもって湖北を苦難から脱出させ、人民の許しを得るべきだ」と書いている。市民の目線で書かれた方方の日記は共感を呼び、国内外に一億人を超える読者を持った。

この頃、武漢の病院はどこもベッドが足りず、重症の感染患者しか入院できなかった。病院では防護服もマスクもゴーグルも不足しており、マスクはアルコール消毒し、乾かして翌日も使った。政府はこの病床不足を解消するために、二〇二〇年一月二四日、武漢に火神山医院（病床一〇〇〇）と雷神山医院（病床一六〇〇）という大きな病院を二つ、工期一〇日で建設するとした。両病院は突貫工事で建設が進められ、それぞれ二月三日と八日にオープンした。

『武漢日記』著者、方方氏。（提供・時事通信社）

政府の衛生当局は、全国約四万二〇〇〇人の医療スタッフに声を掛けており、病院の竣工後、これらのスタッフを直ちに新しい職場に配置した。このほかにも病院の新設や増設、施設の転用などにより、新型コロナ患者向けのベッドを一か月間で約六万床増やし、重症者は七病院に分けて収容することとした。新型コロナに対応する医療従事者は二月一一日までに三一〇九人にのぼり、こうして中国は、新型コロナウイルスの感染の封じ込めに成功する。これは中国の持つ底力であると言えるだろう。

習近平国家主席が野生動物からの感染防止法制定を指示

旧正月の「元日」に当たる春節の二〇二〇年一月二五日、習近平国家主席は異例の党最高指導部会議（政治局常務委員会メンバー七人による会議）を開いた。習国家主席はそこで、新型コロナ肺炎の流行加速に対する危機感と、感染拡大を食い止める強い決意を表明し、ウイルス撲滅に全力を傾注するよう指示した。この会議では、党中央の組織として新たに「感染対策工作指導小組」（トップは李克強首相）を設置して各地の感染対策の指導に当たることが決まった。

これを受けて新型コロナウイルス状況応急研究チームのリーダー鍾南山は、一月二七日の記者会見で、SARSでは野生動物のハクビシン（ジャコウネコ科の一種）が重要な宿主だったこと、新型コロナウイルスでもコウモリやセンザンコウがウイルスを媒介した可能性が高いこと——の二点を挙げ、「古い因習でしかない野生動物を食べる習慣は改めるべきだ」と主張した。二六日、中国政府の衛生当局は記者会見で、「武漢の海鮮市場から大量の新型コロナウイルスが検出された。市場で売られていた野生動物が感染源と見られる」と発表し、翌二七日の正午、華南海鮮卸売市場の営業を停止した。

二月三日、習近平国家主席は、政治局常務委員が開いた新型肺炎に関する会議で、「今回の（新型コロナウイルスの感染封じ込め）の対応であらわになった欠点や不足について、対処能力を高める必要がある」と対応に不備があったことを認めたうえ、一〇項目の指示を出した。その中に感染流行の原因となった野生動物について「違法な取引を厳しく取り締まるように」という項目が含まれた。習主席はまた、野生動物などから重大な感染症の発生を防ぐ「生物安全法」を制定するよう指示した。

中国には古くからハクビシン、オオカミ、キツネ、クジャク、ハリネズミなどの野生動物を食べる独自の習慣があり、野生動物の市場が一時は中国全土に数百か所あった。広東省広州市や湖北省武漢市にある野生動物市場でも、かつては食用動物が金網や布袋に入れられて売られていた。ＳＡＲＳの原因であるウイルスも、動物を介して人に感染したと考えられている。中国政府はＳＡＲＳの流行後、一時的に中国国内の野生動物市場を閉鎖したが、生産者の雇用問題などに配慮し、禁止令発表の数か月後には解禁している。

二〇二〇年二月二四日、日本の国会に相当する中国の全国人民代表大会（全人代）常務委員会は、自然環境下で育った陸生野生動物の食用を目的とした捕獲、取引、輸送と人工飼育を含む陸生野生動物の食用を禁止した。

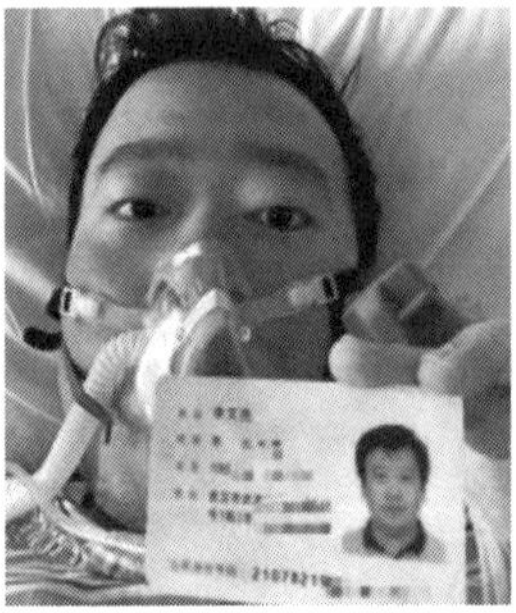

（左）新型コロナウイルスに感染し、病床に伏した李医師。（提供・アフロ）
（右）故・李文亮医師と妊娠５か月の妻・付雪潔、５歳の息子。

李医師が感染、胸を打つ遺書を残して他界

二〇二〇年二月一日午前、核酸増幅検査によって、李に新型コロナウイルス陽性の結果が出て、両親や同僚への感染も確認された。この頃、李は「回復したら、また第一線に立とうと思います」と話していた。

李は同月六日午後九時三〇分に心停止が発生、七日午前二時五八分に帰らぬ人となった。享年三三歳であった。

李には、妻である付雪潔と五歳の息子がいて、妻は第二子を出産予定だった。二月七日、夫人はＳＮＳで「李文亮医師と私たちに手篤くしていただいた社会各界の方々に感謝します。私はどなたからも寄付を受け取りません」という声明と、李の「私は去る」という題名の遺書を発表した。次のような内容である。

「私を理解し、愛してくれた世間のあらゆる人々に感謝する。まだ生まれぬ子どもよ、ごめんなさい。私の唯一の望みは、氷雪が溶けた後に、皆々が変わらず大地を熱愛し、祖国を信じることだ。誰かが私を祈念したいというなら、ごく小

さな墓碑を立ててほしい。墓碑には私が畏れを知らなかったと証明し、『彼は生きとし生ける者のために話をした』と書き添えて欲しい」

遺書はごく短いが、読む人の胸を打つのは、「生きられたら本当にいいのに。でも死ななければならない。もう二度と妻の瞼に触れることもできない。子どもを連れて東湖の春の日の出を見ることもできない。両親を連れて武漢大学の桜を見ることもできない」という個所と、「まだ生まれぬ子どもの夢を見ることもある。彼もしくは彼女は、生まれるやいなや、大勢の人の中から私を探す。子どもよ、ごめんなさい！　私には分かっている。あなたはただ、一人の平凡な父親だけを求めているということを」というくだりである。

李は共産党の党員。遺書でも祖国を信じるよう呼びかけている。そんな李が、闘病中に「健全な社会の声は一つであるべきではない」と語っていたことは、死後明らかになった。これは李が、医師としての使命感から表現に配慮して行った、精一杯の体制批判だったのではないだろうか。

中国政府が李医師の名誉を回復

二〇二〇年二月七日、李が新型コロナウイルスに感染して死去したというニュースが流れ、人々に衝撃を与えた。李による警告の声が葬られたこと、そのために感染が拡大したことがインターネットなどで拡散されると、人々はＳＮＳに哀悼の意を次々に投稿した。「武漢市政府が李文亮医師の警告をもっと重視していれば、武漢市を始め中国各地や世界各地に感染が拡大することを防げただろう」という声が圧倒的に多かった。

先述の女性作家方方も、日記の中で、政府や武漢市の対応を臆することなく批判した。例えば、三月一〇日の日記では新型コロナウイルスの患者がここまで増えた原因について「武漢の感染がここまで拡大したのには多くの原因がある。湖北省や武漢市の役人、衛生健康委員会、専門家らの責任は重大だ」と書き、そのうえで「彼らに責任がある以上、批判するのは当然だ」と自らのスタンスを表明した。行政当局が人から人への感染をなかなか認めずに初期対応が遅れたことについては、「『人から人への感染はない』その言葉が、武漢を血の涙と無限の苦しみの街に変えた」と記した。

人々は方方のそうした姿勢に好感を抱き、全六〇編からなる『武漢日記』は、二〇二〇年四月、米国の出版社から英語版、六月にはドイツ語版、九月には日本語版がそれぞれ出版された。方方は『武漢日記』の出版で受け取る印税を「闘いの最前線で働き、亡くなった武漢の医療従事者の遺族に寄付する」と語った。

二〇二〇年三月一九日、中国政府最高の監察機関である国家監察委員会の調査チームが、李のSNSへの投稿に対する訓戒処分について、「警察が李文亮医師に対する訓戒書を作ったことは不当であり、法執行の手順も規範に合っていなかった」と結論、武漢公安当局に対し訓戒書の取り消しと関係者の責任追及などを求めた。これを受けて、同公安当局は同日、処分を撤回して謝罪し、李を訓戒処分した派出所の警官二人は警告処分となった。
四月二日、中国政府の調査チームは李について「予防、抑制を一層強める役割を果たした」との結論を出し、彼を「烈士」に認定した。「烈士」には通常、殉職した軍人や警官が認定されるが、今回は病院で新型コロナウイルスに感染して死亡した医療従事者一四人が「烈士」に認定された。遺族には補償がなされる。武漢市は同月四日、李の追悼式を行なった。

新型コロナウイルスが武漢で発生し、感染が拡大してから約一年一か月後の二〇二一年一月一八日、世界保健機関（ＷＨＯ）の独立委員会は中間報告書を公表、中国当局とＷＨＯの初期対応の遅れを指摘した。報告書は中国に対し、「地方や国家の保健当局は二〇二〇年一月の時点で、より強力な公衆衛生上の対策を取れたはずだ」とした。またＷＨＯについては、「なぜ一月二二日の緊急委員会招集時に緊急事態宣言を出せず、一月三〇日まで持ち越されたのか、理由がわからない」とした。同委員会は二〇二一年五月の年次総会で最終報告書を提出する。

2　ペストの猛威と闘った北里柴三郎

ドイツ留学経験を持つ北里柴三郎ら調査団が香港へ

ペストは中世に二回、近代に一回、合わせて三回、世界的大流行を引き起こした。中世の二回のうち一回目は六世紀、東ローマ帝国（ビザンティン帝国）において、ユスティニアヌス帝の治世であった五四三年に発生し、八世紀末まで続いたといわれる。二回目は一三四八年から一四二〇年にかけて盛衰を繰り返しながら一八世紀まで続き、当時の世界人口四億五〇〇〇人のうち一億人が死亡したとされる。

近代における流行は、一八九四年の中国雲南省での発生から香港に飛び火、さらに海上ルートで太平洋諸島、日本、米国、オーストラリアに広がった。日本の細菌学者、北里柴三郎《きたさとしばさぶろう》はペストが猛威を振るっていた香港に渡り、ペスト菌を発見、有効な予防法と治療法を究明し、感染拡大を抑え込むことに成功した。この近代におけるペスト流行の際の死者は一〇〇〇万人程度で、過去二回と比べて少なかった。これは、北里がペスト菌を発見したことで、ペストの科学的制御に成功したためである。ここでは、北里がペスト菌を発見するまでの経過と、その後の生涯を追う。

一八九四年、中国南部の雲南省でペストが発生し、当時英国の統治下にあった香港に飛び火して大流行した。香港では、人口の密集する貧民街を中心に感染が拡大。同年四月、香港政庁は三・九六平方キロメートルの区域を封鎖、そこに住む患者と住民を強制退去させたのち、家屋と家具を焼き払った。もっとも劇的だったのはペスト患者たちの香港脱出であった。八万人を超える人々が香港政府による隔離対策から逃れて、五月から六月にかけて夜闇に乗じて対岸の九龍半島に脱出した。

香港政府当局は、ペスト蔓延について自国での対処は不可能と判断し、その原因究明と対策の支援を日本政府に求めることとした。五月初旬、当局は香港領事に支援を申し入れた。香港領事は日本の外務省に宛てて緊急支援を求める電報を打ち、それを受け取った外務省は内務省にその旨を電話で伝えた。内務省の担当者は異例にも内務大臣に直接、細菌学者の調査団派遣を進言した。

内務大臣は首相などと協議し、ペストの原因や実態を調査することを目的に、伝染病研究所の細菌学者北里柴三郎、東京帝大医学部教授青山胤通《あおやまたねみち》ら六人からなる調査団を香港に派遣することを決めた。一行は一八九四年六月五日に横浜港を出発し、一二日に香港に到着した。外務省が香港領事から電報を受け取ってから調査団の出発までわずか一か月足らずという素早い対応となった。北里らの出発から五〇日後の八月一日、日清戦争が勃発した。清国にとっては、近隣の香港で猛威を振るっているペストへの不安を抱えたなかでの開戦だったに違いない。調査団の香港行きは、そうした時期であった。

香港に到着した調査団一行は、ペストの原因究明のための遺体の病理解剖をどこで行なうかなどについて、ただちに打ち合わせた。当時の中国では、遺体解剖を死者への冒涜と考えて嫌う者が多く、解剖が人目に着くと、物議をかもす恐れがあった。調査団が香港政府に協力を求めたところ、伝染病専門病院ケネディタウン・ホスピタルの、八畳ほどの広さの小屋を解剖室用に貸してくれた。この小屋は死亡したペスト患者を葬る墓所のすぐ近くにあったため、墓所に運ぶ棺を小屋に運び入れるカモフラージュが可能だった。

ペスト菌を発見した瞬間、快哉を叫んだ北里

一八九四年六月一四日、青山が二人の医師を助手にして執刀した。当時は現在のような医療用手袋は使わず、消毒液と、皮ふに皮膜をつくる粉末で素手を覆っての解剖であった。青山が解剖した内臓や組織などの病理標本は、北里のもとへ運ばれた。蒸し暑い時期、死後一一時間以上経過した遺体は、腐敗が進行していた。北里が顕微鏡でリンパ節や脾臓などの標本をのぞくと、内臓にも血液にも、無数の微生物が分布していた。最初の検体からは、細い棒状の細菌、桿菌《かんきん》と、もう一種類の細菌が、次の新しい検体からはどの組織や血液からもその桿菌が多数検出されたので、北里はそれぞれを培養した。だが無数の微生物が広がっているため、ペスト菌を識別しにくい。

そこで北里は、ペストの症状や病理所見は炭疽菌《たんそきん》と共通性があり、臓器や組織の変化もよく似ていることに着目した。炭疽菌は、患者の血液中に炭疽菌が存在するかどうかが診断の決め手となる。北里は、炭疽症と極似しているペスト菌も血液中に存在する可能性が高いと推理した。この手法については、北里が帰国後の講演で「不明の伝染病について原因を調査するときは、すでに原因が分かっている病気と比較して、そのどれによく似ているかを、まず考えます。ペストという病気は、病理解剖的に、炭疽症にいちばん似ています」と語っている。

北里が遺体の血液を顕微鏡でのぞくと、特徴的な形をした未知の細菌が確かに認められた。生きている人間の血液の中に存在する未知の細菌といえば、病原菌以外になく、これはペスト菌に違いない。北里は思わず、「これだ。遂に発見したぞ、ペストだ」と声を発した。これまで得体のしれない脅威の塊だったペストが、この瞬間、見える病原菌に姿を変えたのである。

北里は発見したペスト菌をドイツのロベルト・コッホ研究所に送った。彼の恩師コッホは、感染症の病原体を特定する際の指針のひとつとして、①ある一定の病気には一定の微生物が見出されること、②その微生物を分離できること、③分離した微生物を感受性のある動物に感染させて同じ病気を起こせること、④その病巣部から同じ微生物が分離されることという「コッホの四原則」をまとめている。同研究所はそれらの原則にのっとってペスト菌の発見を確認し、北里にそう返信した。

六月一八日、北里は病原菌としての確定を済ませると、ペスト菌の発見を発表し、その内容を速報として英国政府に送った。翌一九日、北里は内務省宛てに「今回、黒死病の病原を発見せり」と電報を打った。電報は宮内省にも伝えられ、明治天皇にも報告された。調査団の業績が報道され、北里と青山の功績が讃えられた。七月七日、北里は研究結果をまとめたドイツ語の論文を書き、古巣であるベルリンのコッホ研究所に送った。また、英国の著名な医学専門雑誌『ランセット』にも英語の論文を送り、それは同誌八月二五日号に掲載された。

ネズミの駆除や消毒で終息に向かった香港のペスト

ペスト菌発見後の一八九四年六月一四日、北里が、香港の一般住宅で死にかかっているネズミを捕獲し、採血して調べると、血液中にペスト菌が認められた。彼はこのことを香港政府に知らせるとともに、市内のネズミの一斉駆除や家屋の消毒、船舶や列車の検疫、煮沸消毒など種々のペスト菌駆除対策を提言し、同市はそれを逐次実施した。これにより香港全土に猛威を振るったペストの感染は六月をピークにして徐々に衰え、終息に向かった。この間、香港でペストに感染した人は二六七九人（うち死者二五五二人）、致死率は九五パーセントと高率だった。

香港政府当局は日本人医師団によるペスト菌の発見と素早い調査などの成果に大変感謝し、同年六月二八日、香港のホテルに医師団や日本国総領事などを招いて感謝と慰労の会を開催した。ところが、青山医師と調査団の日本人医師二人が、パーティーから帰った晩、高熱で倒れた。解剖の際にペストに感染したと思われた。青山の腋下のリンパ腺は鶏卵大に腫れ上がり、激痛をもたらした。頓服薬を飲んでも熱が下がらない。数日のうちに体はいちじるしく痩せ、意識もはっきりしなくなった。助手をつとめた日本人医師二人も発症し、敗血症を起こした。日本からも医師が駆けつけ、あらゆる薬や治療が施された。青山医師は奇跡的に一命を取りとめたが、解剖を手伝って敗血症を起こした日本人医師二人のうち一人は、懸命な治療にもかかわらず息を引き取った。

七月二〇日、帰国した北里は、ペストが日本に上陸して感染が拡大することを予想し、伝染病予防の大切さを担当大臣や関係省に説いて回り、これは一八九七年の伝染病予防法、一八九九年の開港検疫法成立につながった。ペスト菌の発見から五年後の一九八九年、ペストは神戸に上陸したが、伝染病予防法と開港検疫法の制定、さらにはネズミ駆除などによる感染防止対策が実施されたために、二七年間に二四二〇人の犠牲者は出たものの、日本におけるペスト流行は終息に向かった。

日本の調査団の香港入りから数日遅れて、フランスのパスツール研究所の研究員、アレクサンドル・イェルサンが香港に到着、ペスト菌の追究に取り組んだ。イェルサンは地元スイスで理学、フランスで医学を学んだあと、予防医学を学び直そうとパスツール研究所に入所したが、一八九〇年、突然パスツール研究所を出て仏領インドシナ（現ベトナム）へと渡った。一八九四年六月初旬、イェルサンはサイゴン（現・ホーチミン）に滞在中、パスツール研究所からの電報で「香港で流行しているペストの原因を究明するように」と指示を受け、家僕一人を連れて急きょ香港へ向かった。

香港に到着したイェルサンには何のツテもなかったが、現地のイタリア人神父が竹とワラで小屋を建て、研究材料としてペスト患者の遺体を手配し、提供した。イェルサンは、この神父の協力のお陰で、到着後間もなく遺体解剖に着手、北里がペスト菌を発見した日から六日ほど後の六月二〇日頃、発見に成功した。イェルサンは直ちに論文を書いてパリに送り、それが『パスツール研究所紀要』九月号に掲載された。北里の論文は英国の医学専門雑誌『ランセット』八月二五日号に掲載されたので、ペスト菌発見に関する論文の発表も、北里の方が若干早かったことになる。

留学中に破傷風菌の培養に成功、血清療法の開発も

北里柴三郎は一八五三年、現在の熊本県阿蘇郡小国町に生まれた。一八七一年、一八歳のとき、熊本医学校に入学。当時同校で教鞭を取っていたオランダ人医師コンスタント・ゲオルグ・ファン・マンスフェルトの指導を受け、医学の勉強をした。一九八七四年に上京し、東京医学校（一八七七年、東京大学医学部に改称）に入学。一八八三年四月、三〇歳のとき、後の第六代日銀総裁松尾臣善の二女、乕と結婚。同月、東京大学を卒業、内務省衛生局（厚生労働省の前身）に入省した。

一八八五年、北里は長崎で大流行していたコレラ調査に赴き、そこでコレラ菌の分離と予防対策の業績が認められた。そのことをきっかけに同年一一月、国費留学生としてドイツへ留学。翌年一月、炭疽菌の純粋培養や結核菌の発見などの業績で知られる、病原微生物学研究の第一人者ロベルト・コッホ・ベルリン大学教授に師事、研究生活に入った。北里はコッホから与えられたテーマに基づき、周到な実験計画を立てて実験をこなし、研究に没頭、コッホの信頼を獲得した。

当初、留学期間は三年で、一八八八年までの予定であった。しかし研究が順調に進み始めた頃、既に留学から二年が経過しており、北里は残り一年では研究を完遂することは難しいと考えた。そこで北里は、留学期間を二年延長してもらい、その間に誰からも認められるような研究成果を収めようと決心、自らの強い研究意欲と覚悟を留学期間の延長願い書にしたため、日本の内務省宛てに郵送した。その書類には北里の思いが次のように書かれている。

「開国して間もないわが国には、先進国の学者と肩を並べる者がいない。学問や知識をただ学ぶだけで、専門分野で世界の誰からも信用される研究を成し遂げた者が一人も出ていないのは、わが国の学問に対する姿勢の欠点である。私は、世界の学者に後れをとらないよう努力し、日本の衛生学を世界と肩を並べる水準にしたい」

留学期間延長願いは内務省に認められ、北里は腰を据えて研究に取り組めることとなった。

当時、伝染病のうち、結核やコレラ、ジフテリアなどの病原菌は特定されていたが、破傷風の病原菌はまだ特定できていなかった。破傷風は傷から感染し、菌が全身に広がることはほとんどないのに、全身性のけいれん症状を呈する未知の病であった。致死率が非常に高く、罹患すれば助からないとされた。北里は、ロベルト・コッホの研究室で、この破傷風の原因菌特定を目指していた。

ある日、北里が破傷風菌らしい細菌を雑菌とともに試験管に入れて加熱したところ、雑菌は死滅したが、破傷風菌は試験管の底の方で芽胞を作って増殖していた。北里は、破傷風菌が試験管の中で生き残っているのは、この菌が酸素を嫌う嫌気性菌だからだと考え、嫌気性菌専用の培養装置の考案と製作に着手した。作り上げた装置は、培養皿にフタが一体化した円盤状のガラス容器だった。北里はこれを「亀の子シャーレ」と名付けた。

一八八九年、北里は亀の子シャーレを使って、ロベルト・コッホが結核菌の純粋培養に使ったのと同じ手法で、破傷風菌の培養実験を行い、増殖に成功した。世界初のことであった。北里はドイツ外科学会でこの成果を発表した。

破傷風菌の純粋培養に成功してから一年後の一八九〇年、北里は、破傷風菌を使って破傷風の治療法についての研究を始めた。北里が行ったのは、「血清療法」の開発であった。まずは、毒素が含まれていると仮定した溶液を動物に投与する。初めはごく微量の毒素からはじめて、段階的に濃度を上げていく。すると、動物は少しずつ免疫を獲得し、致死量の毒素にも耐えられるようになっていく。その動物から採取した血清を別の動物に注射すると、その動物も毒素に耐えられるようになった。こうして体内に抗体を作れば病気の治療や予防が可能になる。これが「血清療法」である。北里は毒物に耐える物質を「抗毒素」と名付けた。

この頃のヨーロッパでは、子どもの死亡原因のうち、もっとも大きなものがジフテリアに感染することだった。当時ジフテリア感染者の死亡率は四〇パーセントと高く、一刻も早い治療方法の確立が望まれていた。北里は破傷風菌への血清療法と同じ手法をジフテリア菌にも応用し、研究に加わっていた同僚のエミール・フォン・ベーリングを助けて、ウマの血清中にジフテリア毒素を注入することで抗毒素ジフテリア血清の研究を進め、抗血清を開発した。ベーリングが、このウマの血清をジフテリアにかかった子どもに与えると病気は治った。

ベーリングと北里柴三郎は一八九〇年一二月四日発行の『ドイツ医事週報』第四九号に論文「動物におけるジフテリア免疫と破傷風免疫の成立について」を連名で発表、第五〇号にはベーリングの名前のみでジフテリアについての論文を発表した。ベーリングは十年前の一九〇一年に北里の助けを借りながら取り組んだ血清療法に関する論文「ジフテリアに対する血清療法の研究」が評価され、第一回ノーベル医学・生理学賞を受賞した。受賞に際し、彼は自分だけの功績ではなく、共同研究者の北里柴三郎あっての結果であるという趣旨のことを述べた。

福澤諭吉が北里のため私財を投じて伝染病研究所を設置

北里の業績は世界的に知られた。英国は「細菌研究所を設立し、北里をその所長に迎えた

実験中の細菌学者北里柴三郎。（提供・学校法人北里研究所）

い」と働きかけ、米国は年額四〇万円（現在の価値で約四〇億円）の研究費と年額四万円（約四億円）の報酬を提示した。しかし北里は、祖国の遅れている感染症医学や予防行政、国民の健康の増進のために力を尽くしたいという気持が強く、すべての誘いを断って帰国した。その際、ドイツ皇帝は明治天皇に対し北里を絶賛するメッセージを送り、北里にはドイツ人以外には与えたことのない「プロフェッソーア」（教授）の称号を贈った。

一八九二年、北里は六年間留学生活を送ったコッホ研究所を後にして帰国し、内務省衛生局に復職した。北里が帰国して半年経った同年秋、内務省は感染症研究所の設立計画を閣議に提出した。優秀な北里が国外に去ってしまうと危惧してのことだったが、この計画は廃案にされてしまった。「福澤諭吉を訪ねてみてはどうか」と勧められた北里は、慶應義塾に大学部を設け、教育者と広く知られていた福澤の元を訪れた。北里はそこで、問われるままに傷風菌の純粋培養に成功し、その血清療法を開発するなどの業績を話した。

北里の話を聞いた福澤は、海外でそれほど大きな研究実績を挙げた北里に、それにふさわしい研究の場を用意しない政府の対応に失望した。「この男に活躍の場を与えないのは国家の損失だ」と思った福澤は、その場で多大な資金援助により「私立伝染病研究所」を設立する決心をした。福澤に促されるまま、北里が六部屋の小さな研究所の設計図を用意すると、福澤は二階建て、上下各六室の、日本初の伝染病研究所を芝公園に設立した。土地は、福澤が子女の将来のために用意していたものだった。研究設備や機器の購入代金は、福澤の友人である森村市左衛門（ＴＯＴＯ、ＩＮＡＸ、日本碍子などの創始者）の寄付などで賄われた。

また、福澤は一八九三年、北里のために結核専門病院土筆ヶ岡養生園を開設。土筆ヶ岡養生園の名称は、福澤によって命名された。事務長には福澤の門下生であった田端重晟《たばたしげあき》が就いた。

芝公園の伝染病研究所はすぐ手狭になったため、一八九四年、研究室、病院、事務室、培養室など八棟からなる新たな研究所が芝の愛宕町に建設された。一八九九年、政府はこの私立研究所を国に移管して国立伝染病研究所（現・東京大学医科学研究所）とし、内務省の管轄とした。北里はその後、研究所と研究陣を拡充、伝染病予防と細菌学の研究のほか、新たに狂犬病、インフルエンザ、赤痢、発疹チフスなどの血清開発に取り組んだ。

北里研究所を設立、伝染病研究で実績を積む

一九一四年、政府は所長の北里柴三郎に何の相談もなく、伝染病研究所の所管を突如、文部省に移管し、東大の下部組織にする方針を発表した。所長は、青山胤通（当時、東京帝国大学

医科大学校長）が兼任するという。これは言わば「東大による突然の乗っ取り」である。北里は猛反発し、すぐに所長を辞任した。志賀潔（赤痢菌の発見者）を始めとする、研究所のほとんどの職員も、北里について一斉に辞表を提出した。「伝研騒動」である。

同年、北里は私費を投じて、新たに「私立北里研究所」（現・学校法人北里研究所。北里大学の母体）を土筆ヶ岡養生園の敷地内に建設した。

北里研究所は日本の伝染病研究の中心としての地歩を築き、やがてコッホ研究所、パスツール研究所と並ぶ世界三大研究所の一つと称されるようになる。

一九一六年、北里は慶應の鎌田塾長から、「医学科を新設したい」との相談を受けた。福澤から長年にわたり受けた多大な恩義に報いたいという気持の強い北里は即座に賛成し、設立委員会の中心となって建設を進めた。福澤の没後一五年目にあたる一九一七年、医学科の校舎が完成、慶應義塾大学医学科が創設されると、北里は初代医学科長、病院長に就任した。北里は福澤への報恩の気持から、十年余の在職期間中、一切の報酬を固辞し、無償でその任に当たった。

一九二三年、医師法に基づく日本医師会が創設されると、北里は初代会長に就任。一九三一年、日本の予防医学の礎を築いた細菌学者北里柴三郎は、東京・麻布の自宅で七八年の生涯を閉じた。

3　医療看護を改革したナイチンゲール

放置された病人を目撃して衝撃受ける

　フローレンス・ナイチンゲールは一八二〇年五月一二日、英国の裕福な地主階層に生まれた。クリミア戦争における、敵・味方の分け隔てない負傷兵たちへの介護・献身や統計に基づく医療衛生改革で知られ、「看護師の祖」とも呼ばれている。彼女の誕生日（五月一二日）は「国際看護師の日」とされている。

　フローレンスには一歳違いの姉パースがいた。フローレンスは父親のウィリアム同様、几帳面で、整然と秩序を重んじたが、パースは無頓着で、性格は大きく違った。父ウィリアムは女性にも教育は必要であるという考えから、フローレンスにイタリア語・ラテン語・ギリシャ語などの外国語をはじめ、哲学、数学、天文学、経済学、地理学、心理学、文学などの本格的な教育を受けさせた。

　一八四二年、フローレンスが二二歳の時、英国は大不況に見舞われ、食べ物が手に入らない人が増えた。彼女は母親から貰ったスープと銀貨を持って隣村の農民小屋を訪ね、そこで放置された病人を目撃して衝撃を受けた。私記にこう書き記している。

「眼に映る人びとは皆、不安や貧困や病気に蝕まれている。この人たちのことを思うと、私の心は真っ暗になり、私につきまとって離れない」

フローレンスは病院で貧しい病人の世話をしたいと思ったが、今まで接した誰もが、看護の方法を教わったことがないという事実を知って衝撃を受けた。彼女は自身の進路を徐々に「人々に奉仕する仕事」へと振り向けていった。

天職を看護婦と決めてから就職までに八年

フローレンスは一八四五年頃、病院看護婦（現在の看護師）を志望していたが、それを表明する気持ちになれなかった。当時、看護婦は専門知識の必要がない職業と考えられ、病人の世話をする召使のように扱われていた。そのうえ、病院看護婦は不道徳さで悪評が高く、社会的身分のある良家の子女が看護婦になることなど考えられなかった。もちろん母親と姉は、フローレンスが看護婦になることに猛反対した。

しかしフローレンスは諦めなかった。ままならない境遇に鬱屈した想いを抱きながらも自分の天職は看護の仕事と心に決め、医療に対して強い関心を抱いた。そして医学調査会のレポートや医療記録、医学書、論文、果ては衛生局のパンフレットまで貪り読んだ。旅行に出れば、その土地の貧民窟を訪ね歩き、病院や救護所に忍び込んで見学するなど独学で勉強を積んでいった。

一八四六年一〇月、フローレンスはドイツの病院の附属園施設カイゼルスベルト学園が看護婦を養成していることを知り、この学園こそ、自分が長い間探し求めていたところだと考えた。一八五一年、彼女は精神を病んだ姉の看護をするということを口実に、ここに入学した。その後、一八五三年八月、親しい友人であるエリザベス・ハーバートに紹介され、ロンドンのハーレイ街にある「淑女病院」で看護管理の仕事に就いた。仕事は無給だった。就職に際しても母と姉が強く反対したが、父が年間五〇〇ポンドの生活費を出した。

フローレンスは看護の仕事を自分の進むべき仕事と決めてから、看護婦の実務に就くまでに八年かかっている。職を選ぶのに八年もかけたのは、ナイチンゲール家が暮らしに困らない家庭だからできたことである。

クリミア戦争が勃発、従軍看護婦として現地入り

一八五三年一〇月、ロシアとオスマン帝国の戦闘が始まった。翌年三月、英国はフランスと共にオスマン帝国を支援するため参戦し、戦争はロシア対オスマン帝国・英・仏・サルディーニャ王国の図式となった。戦争は一進一退を繰り返す持久戦となった。軍の野戦病院がスクタリに設立されたが、膨大な数の負傷兵や病人に対処する能力を持っておらず、多くの人が感染症や伝染病、飢餓で死亡した。

野戦病院の惨状は、新聞社の特派員たちによって本国にも伝えられた。とりわけ『タイム

ナイチンゲール。（出典・Wikipedia）

ズ』紙の従軍記者ウィリアム・ハワード・ラッセルの記事は、前線の負傷兵たちの悲惨な状況を克明に描いて大きな反響を呼んだ。その記事は、医師はおろか手術助手も看護婦も足りず、傷病兵たちはひどい扱いを受けている実態を伝えていた。これにより世論は一気に沸騰した。当時、ドイツの看護婦養成施設で研修後、ロンドンの慈善施設で管理者として既に活動を始めていたフローレンスも、この新聞記事を読んで心を動かされ、自ら従軍看護婦として現地に赴くことを考えていた。

事態を重くみたシドニー・ハーバート戦時大臣は、フローレンスに戦地への従軍を依頼する手紙を送った。シドニーの妻、エリザベートがフローレンスと親しかったのだ。

かねてから戦場の医療環境に危機感を覚えていたフローレンスは、この依頼をすぐに受け入れた。彼女は一八五四年一一月五日、二四人の修道女と一四人の病院看護経験者を率いて、看護婦の総監督としてトルコのスクタリにある英国の陸軍病院に到着した。

トイレを清潔に保ち、兵士の死者が激減

フローレンスらの一行が到着した後、兵舎病院には激戦地バラクラヴァから負傷兵二〇〇〇人以上が送られてきた。だが医療体制の不備のため、十分な医療が受けられずに命を落とすケースが後を絶たなかった。患者たちは塔屋にある便所を使用できず、室内便器はわずか二〇個しかなかった。便器の不足を補うために木製の大きなたらいが置かれたが、不衛生なために下痢性伝染病などが蔓延、多くの患者が死亡した。病院には急性下痢症の患者が一〇〇〇人以上いた。

フローレンスが到着した頃、スクタリ陸軍病院では、トイレや病棟の清掃はどの部署の管轄でもなかった。この頃、入院者は一万二〇〇〇人以上に増え、病院はパニック状態になっていたが、フローレンスは看護に力を傾けるいっぽう、トイレを中心に病院全体の清掃・浄化にも取り組んだ。さいわい、彼女は自分の自由に使えるお金を三万ポンド持っていた。彼女は衛生状態を改善する必要性を、ことあるごとに訴えた。

一八五五年、陸軍省は「衛生委員会」を現地に派遣し、陸軍病院の衛生状況を調査、フローレンスの報告通り、病院内を清潔に保つことを命令、給水・排水と換気を抜本的に改善した。これにより、病院や兵舎内が清潔に保たれるようになった。その結果、一八五五年二月に約四二パーセントまで跳ね上がっていた死亡率が、四月七日には一四・五パーセント、四月二一日には一〇・七パーセント、五月一九日には五・二パーセントにまで急減した。

ヴィクトリア女王は終始、フローレンスの味方だった。女王はハーバート戦時大臣に対し、フローレンスからの報告を直接、自分に届けるよう命じた。ハーバートはすぐにこれを戦地に送り、病院内に貼り出させた。フローレンスと看護婦団、そして傷病兵らは元気付けられた。フローレンスは地道な活動と、彼女に味方するヴィクトリア女王からの布告もあって、スクタリ陸軍病院の看護婦の総責任者として医療衛生改革を効果的に推進することができた。

看護婦として戦傷兵を見舞うナイチンゲール（1855年）。（出典・Wikipedia）

ナイチンゲールが残した数々の実績

▽「陸軍の保健に関する覚え書」

一八五六年四月二九日、クリミア戦争が終結した。フローレンスは国民的英雄として祭り上げられることを快く思わず、八月六日、偽名を使って帰国した。翌五七年五月五日、「陸軍の保健に関する衛生委員会」（委員長・シドニー・ハーバート戦時大臣）が発足した。ナイチンゲールチームは早速、バーリントンホテルに集結し、タロック大佐の克明な報告書を読みながら病院の状況分析を始めた。フローレンスは数々の統計資料を基に報告書「陸軍の保健に関する覚え書」を作成して七月に衛生委員会に提出した。

▽近代統計学への寄与

この報告書を作成する際、フローレンスは彼女自身が発明した独創的な統計グラフにより、戦傷そのものよりも病院の衛生管理上の死因の方が多いことを明らかにした。スクタリ野戦病院の一〇〇〇人当たりの年換算死亡率は四一五人と際立って高かったが、フローレンスは衛生委員会と協力したことで、これを三四人にまで減らしたのである。フローレンスは病院の衛生管理を推進することにより、傷病兵の死亡を減少させ、予防医学の重要性を立証した。彼女は、この手法の考案者として後に英国統計学会の会員になった。

▽病棟建設にナイチンゲールの知恵

フローレンスは看護婦の医療活動を基本にした合理的な病棟を考案した。これを基にした近代的な病院が、一八七一年に建設された聖トーマス病院である。この病院の最大の特徴は、適切な看護を行うための指示・監督が効果的かつ容易にできるよう、病棟の中央にナースステーションを配置していることである。また患者が用事があるときは、いつでも看護婦を呼びだすことができるように、枕元にナースステーションと直通のナースコールを置いた。ナースステーションとナースコールは今や病院に欠かせないものになっている。フローレンスは院内感染を防ぐため、ベッドとベッドの間隔は一・五メートル、天井高は四・五〜四・八メートルとし、換気して新鮮な空気を取り入れるよう求めた。聖トーマス病院はフローレンスの求める近代的な病棟の先駆けとなった。

▽ナイチンゲール看護学校の創立

一八五五年一一月二九日、ナイチンゲール基金が創設された。基金の額は年を追って増加、一八七三年春には四万五〇〇〇ポンドに達し、聖トーマス病院（現在のキングス・カレッジ・ロンドン）内に「ナイチンゲール看護婦訓練学校」の建設が始まった。一八六〇年五月、同校が完成・開校すると、フローレンスは、この学校の運営に協力した。この看護学校で厳しく指導された看護婦たちが、卒業後に各地の病院で活躍することで、以前の英国に存在していた看護婦への偏見は徐々に取り除かれていった。看護婦への偏見の除去はフローレンスが長年、強く願っていたことでもあった。こうしてフローレンスは、看護師の祖、近代看護教育の母となった。

三七歳で心臓発作、以後五〇年間を病床で暮らす

一八五七年八月一一日、フローレンス三七歳のとき、彼女は過労による心臓発作で倒れた。彼女はこの時のことを私記にこう書いている。

「一八五七年八月、私が勅選衛生委員会の仕事を終えたとき、四年間にわたる不安と粉骨砕身の歳月を送った私の寿命は、もう二四時間と持つまいと言われ、私自身もそれを覚悟していた」

その後、フローレンスはブルセラ病慢性疲労症候群の虚脱状態に悩まされ、亡くなるまで五

1906年、晩年のナイチンゲール。
（提供・Avalon／時事通信フォト）

〇年もの間、ベッドの上で看護関係の書籍を執筆し、手紙を書くことにより、医療や衛生への改革を訴え続けた。

フローレンスは晩年、年老いた親の看病などに当たり、一八七四年に父親を、一八八〇年に母親と姉を見送った。記憶、知覚、視力が失われてもフローレンスの肉体は生き続けたが、一九一〇年八月一三日、九〇歳で静かに息を引き取った。英国政府は国葬を行うことを親族に打診したが、断られた。墓石には「F・N、一八二〇年生まれ、一九一〇年歿」とだけ刻まれた。

「苦悩する者のために戦う者が天使」

フローレンスは誰かを犠牲にすることを嫌い、「犠牲なき献身こそが本当の奉仕である」と信じていた。いっぽう彼女自身は、昼夜を問わず患者のために無茶な献身を続けた。三七歳の若さで寝たきりになったのは、「陸軍の保健に関する覚え書」を作成するなどの過労が原因だった。クリミア戦争中のスクタリ陸軍病院での働きも影響しているだろう。

フローレンスは近代看護の基礎を築いた。その功績は偉大である。彼女は可憐で温和な人物ではなく、むしろ気の強い、激しい気性だが、心の清い、まっすぐな性格の人物だった。彼女自身、優しく柔らかな「天使」のイメージで語られることを嫌っていた。「人生とは戦いであり、不正との格闘である」、「天使とは、美しい花をまき散らす者でなく、苦悩する者のために戦う者である」とは、彼女が遺した名言である。

第2章

地球温暖化・植樹運動

1　砂漠に水を引き飢餓の人々を救った中村哲医師

最初はハンセン病中心の医療活動

二〇一九年一二月四日朝、アフガニスタン東部ジャラーラーバードにおいて、車で移動中だった「ペシャワール会」現地代表中村哲《なかむらてつ》医師（当時七三歳）が何者かに銃撃され、死亡した。

干ばつで農作物が育たないことから飢餓で命を落とす人の多いアフガニスタンで、中村は二〇〇〇年から井戸掘りに着手した。しかしその後、飢餓を防ぐためには大河クメール川から用水路で砂漠に水を引いて農業を興す必要があると判断、二〇〇三年から用水路づくりに取り組んだ。用水路づくりの土木事業の先頭に立って九年。遂に用水路が完成、不毛の砂漠は、見渡す限りの緑野と化した。数年後には農地を広げて六〇万人に食糧を提供できる見通しがついた。飢饉にあえぐアフガニスタンの人々を救いたい一心で老骨に鞭打ち、身を粉にして日夜奮闘していた中村。異国の地で子息を病気で失うなどの苦難を乗り越え、大きな成果を収めた、その誠実な生き方を振り返る。

中村は福岡県福岡市御笠町（現・博多区堅粕）で生まれた。二年後、母の実家（玉井家）がある同県若松市（現・北九州市若松区）に移り、六歳から糟屋郡古賀町（現・古賀市）で暮らし、福岡県立福岡高等学校に進学した。父が借金をして高価な医学書を揃えてくれたことがわかり、医師になる決意をしたという。

一九七三年に九州大学医学部を卒業、病院に勤務した。一九七八年、登山が好きだった中村は、福岡の山岳会遠征会の同行医師としてパキスタンとアフガニスタンの国境に横たわる険峻なヒンズークシ山脈に挑戦した。この山脈に生息する希少種の美しいアゲハチョウを見たいという期待からの登山だった。

これが縁で近代的医療から隔絶された環境に暮らす現地の人々に出会い、診察をした。中村はのちに、この時の診察がその場しのぎだったことへの後ろめたさが増すようになり、現地の人々に役立つ医療活動がしたいとの思いが募るようになった。

中村は両親の勧めもあって、中学時代はミッションスクールに通い、洗礼を受けている。医師になった後も、ＪＣＡＭ（キリスト者医科連盟）の会員となっていた。

福岡県の病院で働いていた中村の下に、日本キリスト教海外医療協力会からパキスタンのペシャワールへの赴任依頼が届いたのは、一九八二年のことであった。当時、パキスタンやアフガニスタンはハンセン病多発地域であった。世界的なハンセン病根絶計画、「ハンセン病根絶五か年計画」の一環を担う医師として、同協力会が中村に白羽の矢を立てた形となった。パキスタン赴任の前年、一九八三年には中村の活動を支援するため、親しい友人らがＮＧＯ「ペシャワール会」を設立した。

当時、中村は生まれて間もない長女と長男を抱えていたが、夫人はペシャワールへ幼い子をつれて行く決心をした。一九八四年五月、中村は家族を連れてパキスタン北西部のペシャワールに行った。地域に溶け込むため、現地の風習に従って髭を長く伸ばし、パキスタンの伝統衣装、チトラール帽をかぶった。現地では語学学校に通い、公用語のウルドゥ語やパシュトゥー語を学んだ。

合併症の多いハンセン病は、さまざまな専門医が診療することが望ましいとされる。これを可能にするための治療センターづくりが中村の任務だった。ハンセン病の多いところは、腸チフス、結核、マラリア、デング熱、皮膚リーシュマニア症などありとあらゆる感染症の患者も多かった。病院のベッド数はわずか一四床。まともな医療器具は備わっていなかった。

この頃、パキスタンの隣国アフガニスタンでは、ソ連侵攻によって起こった紛争が激化していた。中村医師は、パキスタン側に流入して来るアフガン難民のために救急医療センターを組織し、アフガニスタン側でも戦闘地域に移動診療所を設営した。アフガニスタンでタリバーン政権が誕生すると、中村はタリバーンの信頼を得て、同政権の支配地域で診療所を運営した。こうして中村はパキスタンとアフガニスタンの両国の国境を自由に行き来しつつ、医療活動を続けた。

大干ばつに遭遇、井戸を掘って難民化を防ぐ

地球温暖化の進行により、一九九〇年代末頃から日本のような多雨地帯は降水量がますます多くなったが、アフガニスタンのような乾燥地帯は逆に減少傾向をたどった。雨量の二極化現象である。アフガニスタンでは、過去六〇年の間に、年一・八℃（地球平均の約二倍）という速度で温暖化が進行している。

二〇〇〇年六月、一九七〇年代から悪化の一途を辿る干ばつがアフガニスタン全土で一挙に深刻化した。アフガニスタンの年間降水量は約二〇〇ミリ前後と非常に少ない。国連の調査によると、二〇〇〇年の干ばつでもっとも影響を受けたアフガニスタン一〇県では、二〇パーセントから三〇パーセントの水源が干上がった。干ばつの原因は降水量だけではない。ヒンズークシ山脈に積もった雪が春先から一気に解けだすことで夏以降は大河川の水位が低下して取水できなくなっていたほか、地下水も枯渇していた。

アフガニスタンは人口の八割以上を農民が占める伝統的な農業国。二〇〇一年、アフガニスタン全土の水田は、至るところで干からびてひび割れし、畑の土壌はカラカラに乾ききって、農作物の栽培などできる状況ではなくなった。飢餓線上をさまよう人々は、住み慣れた村を捨てて都市に出稼ぎに行く。このため村は次々と消えていった。この干ばつによる被害は、飢餓状態にある者が四〇〇万人、餓死の恐れが一〇〇万人と予想された。

政府は国連に食糧援助を訴えたが、政治的な理由によって食糧は届かなかった。水の出る井

戸には人々が殺到し、僅かな水をめぐっての争いも起きた。井戸水が枯れたために、やむを得ず汚い水を飲んで赤痢で亡くなる人々も増加した。その最大の原因は感染症によって慢性化する下痢とされている。皮膚炎の幼児は清潔な水で洗えばかなり改善されるのだが、衛生状態がよくないために悪化するケースも急増した。

中村は人々の惨状を目の当たりにし、どうすれば多くの人々を飢餓の苦しみから救えるか、日夜思案した。そして、「清潔な飲み水と十分な食べ物さえあれば、患者たちは死なない。まず農業用水を確保できれば、田畑に農作物が実り、住民も郷里に戻ってくる」との結論に達した。

二〇〇〇年六月、中村は患者たちに対し、「とにかく生きておれ。病気は後で治すから」と言って、医療事業と並行して、井戸の掘削を中心にカレーズ（伝統的な地下用水路）修復に取り組み始めた。井戸は診療所の周りから掘り始め、一か月後に最初の水が出た。こうして二〇〇八年までに飲料用一六〇〇本、灌漑用を一三本掘り、カレーズを三八か所修復掘削した。結果、三〇万人の住民が、清潔な飲料水と農業用水の水源を得られ、難民化せずに済んだ。

アフガニスタンが歴史的な大飢饉のさなかにあった二〇〇一年九月一一日、米国で同時多発テロ事件が発生した。イスラム過激派によってハイジャックされた四機の大型ジェット旅客機がニューヨークの世界貿易センタービルの南北両ツインタワーとワシントンの米国国防総省本庁舎（ペンタゴン）に突入したのである。このテロによる死者は二九七七人を数えた。

テロ事件の首謀者オサマ・ビンラディンはアフガニスタンに潜んでいたため、米国は同国を実効支配しているタリバーン政権に対して、その身柄の引き渡しを要求した。しかしタリバーン政権はこれに応じなかったため、ブッシュ米国大統領は同時テロの翌日の九月一二日、「テロとの戦い」を宣言、やがてアフガニスタン全土への空爆が始まった。中村とスタッフは身の安全のため井戸掘り事業の手を休め、一時隣国パキスタンへ避難した。

ペシャワール会は、テロの翌月～翌年三月まで、二七万人分の食料をペシャワールからアフガンに運んだ。このための費用には、二〇〇一年一〇月一三日の国会でテロ特措法成立前参考人として出席した中村が「自衛隊派遣は有害無益。飢餓状態の解消こそが最大の問題」と発言したことで、多くの国民から寄せられた寄附金があてがわれた。中村は、全国各地で講演し、自ら募金集めに奔走した。中村の次男が脳腫瘍に侵され闘病していたのはこの頃であった。発病から一年半、二〇〇二年一二月、次男は一〇歳で帰らぬ人となった。

国連は避難民に対し、一家族当たり現金一〇〇ドルと食料を配給し、居住地へ帰還するよう促した。この帰還プロジェクトにより、周辺国に避難していた三八〇万人のうち約一八〇万人が帰国した。人々が居住地に帰還して目にしたのは、かつては豊かだった穀倉地帯の田畑が干ばつでことごとく砂漠化し、荒れ果てた惨状だった。農民たちは「これでは農作物は何も育たない」と途方に暮れた。

アフガニスタンの人々に用水路建設計画について説明する中村医師。（ペシャワール会ホームページより）

井戸掘りから用水路の建設に転換

二〇〇三年、中村は、井戸掘りを進める中で地下水の枯渇に直面していた。同じ頃、アフガニスタンの飢饉はさらに深刻化していた。水不足で小麦が作れない住民たちは現金収入を得るため、乾燥に強く、ヘロインやアヘンの原料となるケシの栽培を広げていた。また、難民はどこに行っても職は得られず、やむを得ず武装勢力や政府の傭兵となる者が増え、治安悪化も進んだ。

干ばつが始まる前、アフガニスタンは穀物自給率が九割を超える農業国だった。灌漑用水路を整備し、農業用水を提供することこそ、治安安定への近道であり、何にも勝るテロ対策である——そう考えた中村は、水位が低下し続ける地下水の汲み上げをやめ、代わりに水量の豊富な大河クナール川の堤防を切り開いて用水路を建設、広大なガンベリ砂漠に導水して砂漠を緑豊かな農地に変え、飢餓問題を解決するという、気宇壮大な「緑の大地計画」に取り組む決心をした。

二〇〇三年、中村はこうして、「今、最も必要なのは農業用水」、「百の診療所より一本の用水路が人々の命を救う」を合言葉に用水路建設に着手した。

アフガニスタンではほとんどは電気がないため、コンピュータ制御の取水ができない。そこで中村が用水路建設のモデルにしたのは、江戸時代に建設され、今も使われている郷里福岡県の筑後川に二二〇年前に建設された古い取水施設、山田堰《やまだぜき》（朝倉市）であった。

山田堰は古い日本の伝統的な技術により、筑後川を斜めに横切って石張りでつくった堰である。この堰をどのようにつくったのか、郷土史にもほとんど残っていない。中村はこの堰を観察し、江戸時代の工法も参考にしながら独学で土木工学を学び、マルワリード用水路の設計図面を描いた。図面が出来上がると、中村は現地の人々を指揮、時には自ら重機を運転してクナール川の下流部の堤防を切り拓いた。

重機が容易に手に入らないアフガニスタンの地で、中村はコンクリートや鉄筋に頼る近代工法ではなく、針金で編んだ籠に石を詰めた蛇籠《じゃかご》を積み上げる日本伝統の治水技術を利用した。蛇籠工法なら自力で修復しやすく、また他の地域でも同じように用水路をつくることができる。多少崩れてもすぐに補修できるし、そこに柳の木を植えれば非常に強靱な用水路ができる。いずれはアフガンの人だけで維持・管理ができるように、現地で調達しやすい資材を使い、工法も簡単にした。

アフガニスタンの夏は、うだるように暑い。ガンベリ砂漠の工事の頃は摂氏五三度前後の炎熱のもとで数百人が働いたが、熱中症で倒れる者が毎日十数人も出た。中村が「工事を中止し

アフガニスタンの地図。中村さんが用水路を建設したのは首都カブール東方のジャララバード。

よう」と持ち掛けると、現地の人たちは「我々は働きます」と言い、黙々と作業を続けたという。なぜ積極的に働こうとするのか。中村は、その理由を「ペシャワール会」の講演会（二〇一二年六月二日）で、こう分析した。

「彼らの願いは二つ。一つは一日三回食事すること、もう一つは自分の家族と自分のふるさとで、仲良く暮らすこと。この用水路ができれば、自分たちのその願いを叶えることができる。生きようとする健全な意欲が、この仕事のエネルギーの一つなのです」

灌漑事業の進んでいた二〇〇八年八月二六日早朝、「ペシャワール会」メンバーの日本人・伊藤和也（当時三一歳）がアフガニスタン東部ブディアライ村で拉致され、銃弾を受けて死亡した。井戸の見回りに行く途中、道路に置かれた石を運転手と一緒に取り除いた直後のことであった。中村は「裏切られても裏切り返さない誠実さこそが、人々を動かすことができる」（ペシャワール会編『アフガニスタンの大地とともに　伊藤和也遺稿・追悼文集』二〇〇九年）と語った。中村はその後、伊藤の功績をたたえる石碑を建てた。

「これで生きていける!」と歓声

二〇〇三年三月に着工した全長一三キロメートルの用水路は、二〇〇七年四月、四年の歳月をかけて第一期工事を完了した。灌漑面積約六〇〇〇ヘクタール、約一六万人の食糧を生産する農地造成のめどがついた。この時、現地の人々は中村に向かって、「ドクター、これで生きていける!」と叫んだ。「とうとう命の水を得た」という歓喜の発露だろう。水路が通って農地で作物がとれるようになると、移住してどん底の生活を送っていた避難民が続々と帰ってきた。

完成に近づき、水を導いた農業用水路を見て回る中村哲医師。(NHK 制作「武器でなく、命の水を」2016 年 9 月 10 日放送)

中村らは続いて第二期工事に取りかかった。そして二〇一〇年、中村は全長二五・五キロメートルのマルワリード用水路を完成させる。中村が六四歳の時であった。これによって広大な荒廃地三〇〇〇ヘクタールが農地となり、農民一五万人が生活できるようになった。「緑の大地計画」はその後も続き、「山田堰方式」を隣接地域に拡大、二〇一八年時点で六五万の農民、一万六五〇〇ヘクタールの農地が恩恵を受けていると言われる。

用水路工事は雇用の安定化も支えた。連日約五〇〇人の作業員が従事したので、七年間で約七〇万人の雇用が発生したことになる。かつてタリバーンの戦闘員だった人や米軍に雇われていた人たちが「農業をやりたい。農業ができるようになれば出稼ぎに行かずに家族と一緒に暮らせる」と言って、用水路の工事に協力するようになった。現地の人々は将来の自立を見据え、協力し合って用水路を守る態勢を整えていった。

用水路は六五万人を養う農業生産の基盤となる

用水路や取水堰などの建設費は、趣旨に賛同した人々から寄せられた。

用水路などの建設現場では、徐々に工事の技術を習得した熟練工集団が育ち、新たに水を得てよみがえった農地には出稼ぎに行っていた農民が続々と戻って来た。パキスタンの難民生活から村に帰った農民は「貧しくても自分で働いて食うことは、難民生活よりも一千倍ましだ」と、喜んだ。造成した水田で稲の取り入れをする帰還者たちは、「まさか砂漠で稲刈りができるなんて考えてもいなかった」と言って喜んだ。用水路がなければ離村したと見られる人は十数万人にのぼったとされる。

中村がアフガニスタンで活動を始めて三五年目の二〇一九年一〇月七日、その長年の活動が認められ、中村は大統領官邸でガニ大統領から名誉市民証を受け取った。

受賞後、中村は「私一人ではなく、長年にわたる日本側の支援、現地のアフガン人職員、地域の指導者による協力の成果だ。私たちの試みが多くの人々に希望を与え、少しでも悲劇を緩和し、より大きな規模で国土の回復が行われることを願います」と語った。

中村は自身が成し遂げた砂漠の農地化についての感懐を、「手記」の中で次のように書き残している。

「今、アフガニスタンは戦争をしているが、今、戦争をしている暇はない。敵も味方も一緒になってアフガニスタンの国土を回復する時期だ。できるだけ多くの緑を増やし、砂漠を克服して人々が暮らせる空間を広げることだ。これはやって絶対できない課題ではない」

ガンベリ砂漠に用水路を造り、広大な農地を造成、麦畑で刈入れをする農民たち。(NHK 制作「武器でなく、命の水を」2016 年 9 月 10 日放送)

また、「ペシャワール会」の講演会で、「何十年も活動を続けられる原動力はなにか」という質問が出た際には、中村は次のように答えている。

「仕事上、疲れたからやめようというわけにはいかない。早く作業から引き揚げたいと思ったことは何度もあるが、ここで自分がやめると何十万人が困るという現実は非常に重たい。また、多くの人が私の仕事に対して希望を持って何十億円という寄付をしてくれている。その期待を裏切ることはできない。なによりも現地の人たちとの『みなが頑張れば、きちんと故郷で1日3回ご飯が食べられる』という約束を反故にすることになる。十数万人の命を預かるという重圧は、とても個人の思いで済まされるものではない。みなが喜ぶと嬉しいもので、それに向けて努力することが原動力だと思う」

痛ましい銃撃事件が発生、全国に中村医師哀悼の声

二〇一九年一二月四日、アフガニスタン東部で灌漑事業に従事中、中村は何者かに銃撃され、死亡した。中村の誠実な人柄と行動の足跡を知る人々は、その死を心から悼んだ。アフガニスタンの捜査当局の調べによると、犯人はパキスタンのタリバーン運動の地方幹部。男は二〇二〇年一月二九日、首都カブールで仲間と襲撃事件を起こし、警備員に撃たれて死亡した。捜査幹部は「残る共犯者を特定し、動機の解明につなげたい」としているという。中村は生前、「私たちが活動しているアフガン東部は治安が悪い。地元の人ですら、怖くて移動できないと言います。ただ、我々が灌漑し、農地が戻った地域は安全です」と「ペシャワール会」の会報で語っていた。

二〇一七年一二月五付での「ペシャワール会」の会報において、中村は用水路の建設工事について、次のように綴っている。「こぶしを振り上げて敵意や憎悪を叫ぶ人たちを見ると、何だか悲しい気分に襲われます。寒風の中で震え、飢えているものに必要なのは弾丸ではありません。温かい食べ物と温かい慰めです」

同年一二月二七日、安倍首相は中村医師の遺族と面会し、ガンベリー砂漠に農地を造成する

などの中村医師の功績をたたえ、妻の尚子夫人に内閣総理大臣感謝状を伝達し、旭日小綬章を手渡した。

最後に道半ばで銃弾に倒れた中村の死を悼む一般の人々の気持をインターネットへの投稿から二点、紹介させていただく。

▽医者でありながら灌漑用水路の構築で砂漠に緑を取り戻した。現地の人々と共に働き信頼を得た日本人。治安が悪くなった時に、他の日本人は全部帰国させ、自分だけが残った中村さん。本当に頭が下がります。命を奪われる理由は何もなかった。安らかに眠ってください。

▽中村さんの活動は素晴らしいです。僕の理想とする生き方の一つです。少しでも後に続けるように頑張ります。心よりご冥福をお祈りします。ガンベリ砂漠がこうも水と緑であふれる環境に変わるものかと、映像や写真を拝見して驚きました。この国と人々のために尽力されてきた中村さんが、なぜその地でこのようなことになるのか……。

一九九七年から二〇〇〇年にかけてアフガニスタンを襲った大干ばつは、地球温暖化による気候災害である。中村医師は現地の人々を干ばつによる飢餓から救いたいとの一心から、ひたむきに用水路建設に取り組み、一六年の間に一万六五〇〇ヘクタールの砂漠を田畑に転換した。そこで生産される穀物や野菜は実に六五万人の生活を支える。

砂漠が農地に生まれ変わると、飢餓線上をさまよっていた人々や都会に出稼ぎに行っていた人たちが続々、郷里に戻って農業に復帰した。

中村による、飢餓にあえぐ気の毒な人々を救いたいという人道主義的な願望と、どのような困難も乗り越えて計画を達成しようという強固な信念が、これらの事業を成功させた。

中村の灌漑農地拡大事業については、食料自給を重視する国連食糧農業機関（FAO）アフガニスタン事務所や日本国際協力機構（JICA）、アフガニスタン政府なども注目し、協力してきた。中村が編み出した砂漠の農地化の手法を、飢餓問題が起こっている世界の多くの乾燥地帯でも参考にし、普及させていく必要があるだろう。

2　グリーンベルト運動に尽力したワンガリ・マータイ

NGO活動で知ったケニアの環境悪化の実態

ノーベル平和賞受賞者ワンガリ・マータイは、一九四〇年四月一日、ケニアのイヒデの農家に生まれた。ワンガリは勉強が好きで、一六歳のとき、高校をトップの成績で卒業した。英国の植民地だったケニアは一九六三年、アフリカで三四番目の独立国になることが決まった。米国のケネディ政権（一九六一～一九六三年）は、アフリカに人材が育つよう米国に公費留学制度（エアリフト）を創設した。この制度で米国に渡る最初の政府留学生の一人に選ばれたのが、学業成績の優秀なワンガリであった。

ワンガリは米国で猛勉強を続けた。カンザス州のベネディクティン・カレッジを卒業後、ピッツバーグ大学生物科学科に進学して生物学を学び、修士課程で組織分析と発生解剖学を研究して修士号を取得、一九六六年一月、帰国した。

米国から故郷に帰ったとき、ワンガリは自然が著しく破壊されているのを見てショックを受けた。子どもの頃、母から「神様の木よ」と言い聞かされたイチジクの大木が切り倒され、オタマジャクシなどのいた小川が消えてなくなっていた。魚釣りも水汲みもできなくなっていた。

ワンガリの著書。訳書（『へこたれない　ワンガリ・マータイ自伝』、小学館）は2017年の出版。

故郷の荒廃の原因の一つは「商品作物」の生産にあった。ケニア共和国初代大統領ケニヤッタは、コーヒーや紅茶の栽培面積を増やして外貨を稼ごうと、森林の伐採を国中で進めた。大量消費国のために商品作物を大量に生産することがケニアなどアフリカ諸国に課せられた役目となり、これにより森林伐採が一気に行われたのである。わずか半世紀で人口が六倍に増加したことも、森林の減少に拍車をかけた。

かつてケニアの森林は国土の三〇パーセントを占めていた。それが今や二パーセントにまで減ってしまった。商品作物の生産が拡大し森林が伐採されると、大地の保水力が低下し小川が干上がる。水くみは一大重労働になってしまった。また、これまで自然に落ちた木の枝や枯死した樹木などで十分に足りていた薪がなくなり、女性たちはかなりの距離を歩かなければ薪が拾えなくなった。都市部でも薪を使うのは日常的だという。

米国から帰ったワンガリは次にドイツに留学して生物学を学び、一九六九年、ナイロビ大学の研究助手になった。彼女は学生たちにミクロ組織学を講義する傍ら、博士論文執筆のための研究を続けた。同年五月、彼女はムワンギ・マタイと結婚、家事をこなしながら研究し、一九七一年にナイロビ大学の獣医学の博士号を取得、同大学獣医学部教授に就任した。

ワンガリは一九七〇年代前半、環境リエゾンセンター（ELC。現、国際環境リエゾンセンター）とケニア全国女性評議会（NCWK）の会員だった。前者は一九七二年六月、ストックホルムで開催された国連人間環境会議を受けて一九七四年に設立された。目的は市民団体（非政府組織）が国連環境計画（UNEP）の活動に確実に参加できるようにすることで、本部はUNEPと同じナイロビにある。ワンガリはELC地方委員会の委員長を十年以上にわたり務めた。後者は全国の大小様々な女性団体を統括するための組織として一九六四年に設立された。

ワンガリは環境リエゾンセンター地方委員会の活動を通じて、UNEPから出る大量の会議資料や論文、情報に触れ、様々な国の環境NGOと議論する機会に恵まれた。また獣医学の研究者として関心を持つアフリカ全土の家畜産業では、土壌の浸食、とりわけ原生の森に取って代わった産業植林地からの土壌の流出が大きな問題となっていることを知った。

ワンガリはケニア全国女性評議会が開催したセミナーに出席、調理に使う薪の不足が子どもの栄養失調の原因になっているという研究結果に接し、衝撃を受けた。ある女性研究者の発表によると、ケニア中央部では森林を伐採して「換金作物」の輸出用コーヒーや紅茶を栽培する畑に転換してしまったため、炊事に使う薪が手に入らなくなった。その結果、女性たちは薪の代わりにトウモロコシの茎や葉などを炊事の燃料として使い、食事には調理がほとんど必要ない白パンやトウモロコシの粉、白米などの加工食品を充てるようになった。これらの食品はどれも、たんぱく質やビタミン、ミネラルが相対的に乏しいため、子どもが栄養失調を起こしているのだという。

ワンガリが育てた「グリーンベルト運動」

第一回世界女性会議は、一九七五年六月一九日から七月二日までメキシコシティで開催され、女性の平等と開発と平和への貢献に関するメキシコ宣言が採択された。ワンガリはメキシコの世界女性会議に出席したケニア全国女性評議会の代表たちから、会議の状況や決議についての報告を聞いた。それによると、会議では「森林伐採、これによる土壌の流出、植生の破壊、持続可能ではない農業により環境が悪化している。とりわけ、農村部の女性たちは調理に使うエネルギー、すなわち薪と水の不足を何とかしなければならない」という結論に達したという。

報告を聞いていたワンガリは「地域レベルで植樹活動をすれば、薪の供給量を増やせる。木を植えたらどうだろう」と思いついた。木を植えれば、その木で栄養価の高い食事を調理することが出来る。遠くまで薪を拾いに行かなくとも済む。植樹によって土壌が固められて土砂の流出が防げるうえ、土壌の活力が得られ、農作物の生産力が増す。またウシやヤギの飼料が得られ、牧場の柵も作れる。植林のメリットは実に多い。

一九七七年、ワンガリは自分が委員を務めるケニア全国女性評議会（ＮＣＷＫ）実行委員会と、環境と居住に関する常任委員会（ＳＣＷＨ）の双方に植樹活動をプロジェクトとして採択するよう提案した。NCWKの委員たちの中には「そんなプロジェクトはNCWKの目標にそぐわない」、「育苗園の管理に必要な専門知識のない人には無理だ」などと反対する者もいた。しかし他にアイデアが出なかったため、植樹活動はNCWKとSCWHのプロジェクトとして認められた。

植樹活動がプロジェクトに決まると、女性たちはワンガリに「どうやって木を植えたらいいんですか」と聞いた。ケニアの女性たちには木を植えるという発想はなかったのである。ワンガリは「そうね、それなら木の植え方を一緒に勉強しましょう」と言った。ワンガリは女性たちと一緒に自宅の庭に七本の苗木を植えた。これが「グリーンベルト運動」の始まりである。ワンガリはこのとき、三六歳だった。

グリーンベルト運動はプロジェクトとして政府から認可され、本部をナイロビに置いて活動を始めた。グリーンベルト運動の定義では、グリーンベルトとは木を植えて出来上がった植林地のことである。植える土地には公有地と私有地がある。グリーンベルト運動では公有地の植樹は月に少なくとも一〇〇〇本、私有地は最低一〇〇本を目標としている。育苗や植樹については、全グループが月例報告書を提出する決まりになっている。このためどの育苗園にもデータを集め、報告書を作成する育苗世話係がいる。

グリーンベルト運動で大事なのは、よく育つ苗木を育てて植林すること。ワンガリは地域の女性に苗を育ててもらうことを勧めた。女性たちは、まず自分の土地に種を蒔いて苗を育て、ポリ容器に土を詰めて移植する。苗が育ったら、育苗グループが教会の礼拝や学校、地方の行政集会などの公の集会や戸別訪問で、そのことを通知する。植樹をしようという人がいたら、その人に直径と深さが六〇センチの穴を掘ってもらう。育苗グループのメンバーが穴を点検し、問題がなければ苗木を配る。土地がやせていれば穴に肥料を施したうえ、植樹する。

グリーンベルト運動の主体は農村部の女性が圧倒的に多い、草の根の非政府組織（ＮＧＯ）である。ワンガリはこの運動のリーダーとなった。彼女はグリーンベルト運動を発展させるためには運動に参加する全員の結束が不可欠だと考え、一つの提案をした。それは、この運動を「セイブ・ザ・ランド・ハランベー」と呼ぶことだった。「ハランベー」とはケニアの初代大統領、故ムゼー・ジョモ・ケニヤッタが全国的なスローガンにまで発展させた言葉で、「みんなで力を合わせよう！」という意味。「セイブ・ザ・ランド・ハランベー」とは、「みんなが植林活動に積極的に参加し、国土の緑化、砂漠化防止に力を合わせよう！」という呼びかけである。運動の決起集会では、参加者全員がこの呼びかけを唱和し、大きな盛り上がりを見た。

「世界環境デー」の一九七七年六月五日、グリーンベルト運動初の植樹式がナイロビのカムクンジ広場で行われた。式典にはナイロビ市長や水資源開発大臣、国家環境局長などが参列した。ワンガリの提案により、参加者一同がグリーンベルト運動の意義を盛り込んだ次の公約を唱和した。

「ケニアは、砂漠状態の拡大という脅威にさらされている。砂漠化は、土地の誤った使い方や、その結果、自然に起こる土壌浸食が招くものである。そして、砂漠化の結果もたらされるのは、干ばつや栄養失調、飢餓、死である。これらのことに気づいた私たちは、できる限り多くの場所に木を植え、砂漠化を回避することで、自分たちの土地を守ろうと決意した。ここに、私たち一人ひとりが、現在や未来の世代の生得財産である資源の豊かさを奪うような行為や要素から祖国を守ることを誓います」

この植樹式から三か月経った一九七七年九月、国連砂漠化防止会議がナイロビで開催され、砂漠化防止行動計画が採択された。NCWKの代表団がこの会議に出席、砂漠化のためにケニアの農村部で一般住民が直面している困難について報告した。NCWKがこの会議の関連イベントの一環として植樹活動を企画すると、ケニアのモービル社が資金の供与を申し出た。これにより、ナイロビ州に隣接するキアンブ地区の、女性約八〇〇人の協同組合が所有している土地にグリーンベルトが造られることとなった。この会議後間もなく、砂漠化の危険性と地域レベルで取るべき砂漠化防止対策を人々に広く知らせる全国キャンペーンが、マスコミによって展開された。

仕事になったグリーンベルト運動

ワンガリがグリーンベルト運動を始めてから五年経ったとき、ノルウェーの森林協会事務局長ヴィルヘルム・エルスルードがワンガリの運動について知り、住所を探して訪ねてきた。エルスルードはワンガリたちと協同して植樹運動を推進したいと考えていた。ワンガリは育苗畑を何か所か案内し、グリーンベルト運動の現状について説明したあと、ノルウェー森林協会と植樹活動が連携していける方法について考えていただきたいと言った。この時、ワンガリは「職を探す必要があるので、ノルウェー森林協会との協同計画にどれくらい時間を割けるか分からない」と言った。

それから二か月ほど後、エルスルードが再びノルウェーからケニアにやって来てワンガリに、「まだ仕事が見つかっていないなら、植樹活動のコーディネーターの仕事をあなたがやってみませんか。少額ですが、手当てを払います。フルタイムの仕事が見つかるまでの間、それを足しにしてやっていけるのではありませんか」と言った。「グリーンベルト運動」にもっとエネルギーを傾注し、発展させたいと思っていたワンガリは、他に仕事もないので、この申し入れを喜んで受け入れた。

このとき彼は、植樹に協力してくれた人に少額の手当てを支払うだけの資金援助の用意があると言い、さらに植樹の報酬として一株につき四セントを支払うことをワンガリに約束した。女性たちにとって現金収入は魅力だった。植樹活動は環境の保全に大きく貢献するだけでなく、地域の女性の経済的支援、生活水準および女性の地位向上に役立つからである。

ワンガリは苗木を渡した相手が確かに木を植え、植樹後少なくとも半年間は生長していることを確認してから、植樹の報酬を支払う決まりにし、その確認作業を、副収入を得る方法がほとんどない若い男性にやってもらった。雇用された男性は数キロ歩いて農家や学校などに行って植樹を説得し、植えた木が生長しているかどうかを調べ、その記録をワンガリに報告した。

運動は国連女性開発基金の援助で発展

ノルウェー森林協会の申し入れとは別に、国連女性開発基金（UNIFEM）が一九八一年末頃、グリーンベルト運動に一二万二七〇〇米ドルという多額の援助資金の提供を決めた。この基金の事務局長マーガレット・スナイダーはケニアに住んでいて、NCWKの活動やグリーンベルト運動のこと、ワンガリのことをよく知っていた。この資金は国連開発計画（UNDP）ナイロビ事務所の管理下に置かれ、ワンガリが必要な時に資金を請求し、提供される仕組み。助成金の一部として、ワンガリには年間約六〇〇米ドルの手当てが支給された。ワンガリはこの援助資金で、高校を卒業したばかりの若い女性を数人雇い入れた。彼女たちは育苗の協力者への報酬の支払いや地域のグループの活動の評価に当たった。グリーンベルト運動の専従職員はそれまでワンガリ一人だけだったが、彼女たちは運動の戦力となり、潤滑油の役割も果たした。

グリーンベルト運動にUNIFEMから多額の援助資金が供与されたお陰で、ワンガリは植樹に参加する女性グループの数を一九八〇年代半ばまでに二〇〇〇近く、学校や生徒たちによって運営されているグリーンベルトを一〇〇〇以上に増やした。これにより、植えた苗木の

植林の大切さについて話すワンガリ・マータイ。（提供・毎日新聞社）

数は数百万本になった。その後、植樹の規模はさらに拡大され、二〇〇四年までにグリーンベルト運動が設立に関わった育苗園の数は六〇〇〇か所を超え、これを管理する地域密着型のネットワークは約六〇〇、植樹活動に参加した人は数十万人、植えた苗木はケニアだけで三〇〇〇万本、アフリカ全土では五四〇〇万本にのぼった。

ワンガリは、グリーンベルト運動が飛躍的な発展を遂げることが出来たのは、スナイダーとＵＮＩＦＥＭの資金援助のたまものであるとの感謝の気持ちを、終生持ち続けた。一九八〇年代に入り、植樹活動の対象地域をアフリカ各地に広げてきたが、一九八六年、アフリカ大陸全土に広げることになり、「アフリカン・グリーン・ベルト・ネットワーク」と改称した。

グリーンベルト運動が始まってから今日まで、植樹運動に参加した人の数は延べ一〇万人、植えられた木は約五四〇〇万本を超えた。ワンガリが取り組んできたグリーンベルト運動は長女が引き継ぎ、今も植樹活動を続けている。運動の理念に民主化や持続可能な開発の推進が盛り込まれた。

モイ独裁政権の弾圧

一九七八年八月二二日、ケニアの初代大統領だったジョモ・ケニヤッタが三期目の在職中、八六歳で死去した。当時の副大統領ダニエル・アラップ・モイが大統領選挙に無競争で就任した。モイは、与党のケニア・アフリカ人国民同盟（ＫＡＮＵ）以外の政党を非合法化し、強権的な政治手法で、その後二四年間（五選）の長期政権を維持する。

モイは就任後、直ちに自分の権力基盤固めに着手、その一環として市民団体やＮＧＯの取り込みを図ったが、ワンガリは敵視された。ワンガリはこの頃、ＮＣＷＫの副議長。議長選挙に立候補を表明していた。モイは「離婚歴があるのに立候補すれば、自分と子どもたちが恥をさらすことになる。立候補を取り下げたほうがいい」などとワンガリの立候補に圧力をかけた。かつて夫だったムワンギは「マータイに投票するなと警告されている」と言ったという。

ワンガリは不当な圧力をかけられると、かえって自分の主張を貫く一徹なところがある。議長選立候補を取り下げないと見た反対派は、選挙の一週間前、ＮＣＷＫに加盟しているいくつかの組織を脱退させる作戦に出た。その結果、ケニアの農村女性の大部分を代表する組織「マエンデレオ・ヤ・ワナワケ」や「ガール・ガイズ」などが脱退した。脱退した団体の幹部だった女性たちはＮＣＷＫの小切手を切り、銀行口座から全額金を引き出してＮＣＷＫを事実上の破綻に追い込んだ。

しかし投票の結果、ワンガリは圧倒的多数の得票で議長に選出された。一九八〇年のことで

1982年5月のナイロビ国連環境会議（国連環境計画管理理事会）開催を記念して開かれた植樹祭でスピーチをする開催国ケニアのダニエル・モイ大統領。（筆者撮影）

ある。彼女は以後、引退する一九八七年まで毎年議長に選出され、七年連続NCWKの議長を務めた。

一九八二年六月、国会はケニアが単一政党であるKANUの独裁国であることを宣言した。これを受け、政府は政権側が敵とみなした人々を拘束し、脅迫した。拘禁中に拷問などで死亡した人もいる。逮捕や裁判について報道した記者は攻撃の対象にされた。このようなモイ政権に対し、ナイロビ大学の学生は政治的自由の拡大と民主化を求めてデモをしたが、政権側は治安部隊を出動させ、激しい衝突を繰り返した。一九八五年、政府軍が出動して学生と衝突、学生一二人が死亡した。一九八七年、政府はナイロビ大学を閉鎖して学生のリーダーを逮捕する挙に出た。

政治的自由を求めるケニアの人々は、一九八八年の国政選挙で状況を変えようと運動に取り組んだ。グリーンベルト運動も、政治的自由や選挙の民主化、憲法改正などを要求した。しかし政府は投票者が自分たちの支持する候補の後ろに並び、選挙管理人がそれぞれの列の人数を数えて投票者数にするという選挙制度を導入した。列を作っていた人を数え終わったら帰宅させたため、人数の確かめようがない。その結果、列の一番短い候補者が当選するという、おかしな操作が行われた。この不正選挙の後、ケニアの司法の独立を制限する法案が可決され、さらに主要新聞である『デイリー・ネーション』が国会について報道することを四か月間、禁止された。

一九八九年一〇月初め、ワンガリは、モイ大統領やモイの率いるKANUがナイロビ市の中心部にあるウルフ公園に高層ビルを建設する計画を進めていることをつかみ、調査を始めた。このビルはアフリカで最も高い六〇階建てで、ここにケニア・アフリカ人国民同盟の本部と同党の機関紙『ケニア・タイムズ』、貿易センターが入居し、オフィス、ホール、ギャラリー、ショッピングモール、大駐車場が設けられる計画であること、ビルの建築費は約二億米ドル近いことが分かった。一五日、ウルフ公園で高層ビル建設の起工式が執り行われた。ワンガリは一一月末、ケニア最高裁にビルの建設差し止めを申し立てたが、一二月一一日、申し立ては棄却された。ワンガリは、この棄却について記者発表をし、翌日の新聞にはモイ大統領の発言とともにワンガリの発言も一面に載り、ワンガリは多くの国民の支持を得た。

グリーンベルト運動に理解のあるジョモ・ケニヤッタ大統領（在任期間、一九六四〜一九七八年）は、長年政府の庁舎を事務所として提供した。その事務所は古い木造の、長い棟の一部。モイがウフル公園で演説した翌日、管轄する警察署の警官が、事務所が政府の所有物であることに気付き、明け渡すよう命じた。ワンガリは移転先を探したが、どこもブラックリストに載っていることを理由に貸してくれない。グリーンベルト運動をやめるか、ワンガリの自宅に事務所を移すか、どちらかに決めなくてはならない。

せっかく、何百万本もの苗木を植え、成果が上がりつつあるグリーンベルト運動をやめるわけにはいかない。そこでワンガリは自宅を改造して、事務所として使う決心をした。彼女は自己資金とグリーンベルト運動の資金を一部使って、平屋建ての家を改築して八〇人のスタッフのための事務所に転用することにした。八〇人のスタッフは手狭な、ぎゅうぎゅう詰めの事務所で、七年近く働いた。

ワンガリはモイの政治を、「創造性を殺し、腐敗をはびこらせ、指導者を恐れる人々を生み出す政治」と言い切り、このような政治を改めるために闘う意思を一層強めた。彼女は海外の政治家やメディアに手紙を送り、モイに圧力をかけるよう頼んだ。ケニアに多額の資金援助をしていた欧米諸国がワンガリの手紙でウフル公園の高層ビル計画を知り、疑問の声を上げ始めた。それは、やがて「ケニア政府は国民を欺いている」という批判に変わった。モイ政権は高まる批判を無視できなくなり、一九九二年、高層ビル建設計画を中止した。ワンガリのもとには「殺す」という脅迫状が何通も送られ、彼女は身を隠した。

一九九二年、民主化を求める若者たちが不当に逮捕され、ワンガリは釈放を求める母親たちとハンガー・ストライキを始めた。ストライキを始めて五日目、モイは強制排除に乗り出し、ワンガリは棍棒で頭を殴られて意識不明の重体となった。ワンガリ五二歳のときである。ハンガー・ストライキはその後一一か月続いたが、翌九三年、大統領は逮捕者全員を釈放した。

モイ政権崩壊、ワンガリは環境省副大臣に

二〇〇二年二月四日、モイは九五歳で死去した。同年一二月の総選挙では野党が勝利し、ムワイ・キバキ（在任期間：二〇〇二年一二月三〇日〜二〇一三年四月九日）が第三代大統領に就任した。ワンガリはこの選挙に立候補して当選、翌年、環境・天然資源・野生動物省の副大臣に就任した。ワンガリは「ケニア・マジンジラ緑の党」を設立して代表に就任した。

ワンガリはグリーンベルト運動を立ち上げてから二四年間、モイから暴力、投獄などさまざまな圧力を受けてきたが、それに耐えて粘り強く闘い続け、国会議員に当選したのである。キバキ政権が誕生した日、ワンガリは「私たちは自信をもってこう宣言する。『ケニアを変えた』、『民主主義を取り戻した』」と言った。

グリーンベルト運動はキバキ政権と新たな関係を結び、植樹活動を推進した。森林局の監視を受けながら森林の違法な伐採が続けられてきたカルラの森についても、グリーンベルト運動は森林局と連携し、保全と復元に向けて活動した。二〇〇五年三月二八日、ワンガリはアフリカ連合経済社会文化会議の初代議長に選出された。

運動の成功でノーベル平和賞を受賞

二〇〇四年一二月一〇日、ワンガリ・マータイは「持続可能な開発、民主主義と平和への貢献」により、ノーベル平和賞を受賞した。ワンガリが六四歳のときである。受賞の報にワンガリは「資源が破壊され欠乏すると、それを手にしようと紛争が起こる。環境問題は平和の実現に非常に重要だ」と語った。民主主義、環境の保護、平和という三つの柱がきちんとできあがって初めて人々は安心し、発展できる社会が生まれるというのが、ワンガリの考え方の基本であった。

環境保護活動を対象としたノーベル平和賞の受賞も、アフリカの女性としてのノーベル賞受賞も、ワンガリが初めてである。ノーベル委員会が評価した主要な対象はグリーンベルト運動だが、委員会は二六年間続いたモイ政権の専横的、独裁的な圧制に耐えて植樹運動を粘り強く続けた「緑の闘士」ワンガリの不屈の闘いと、植樹運動が女性の地位向上に貢献したことを評価し、次のようにコメントした。

「マータイ博士は、ケニアの圧政的な前政権に対し果敢にも立ち上がり、彼女のユニークな運動は政治的抑圧に対して国内のみならず国際的にも注意を引くのに貢献した。彼女は民主的権利への運動の中で多くの人々にインスピレーションを与え、また特に女性の地位向上を促すのに勇気を与えた。環境を保護するだけでなく、持続可能な発展を保つための土台を強化した」

授賞式のスピーチでワンガリは「私の授賞は、多くの人々が蒔いた平和の種が実ったものなのです」と言った。そしてグリーンベルト運動の歩みについて語り、アフリカの同胞に対し、「紛争や貧困を減らし、生活の質を向上させるため、一緒に努力しましょう」と呼びかけた。

二〇〇六年一一月、国連気候変動枠組条約の第一二回締約国会議を機に、国連環境計画（UNEP）などが「一〇億本植樹キャンペーン」を始めた。これはワンガリと連携して行なう植樹運動である。当初、二〇〇七年までに一〇億本の植樹を目標としてスタートしたが、開始から一年を待たずに目標を達成した。その後、植樹本数は二〇〇九年に七〇億本、二〇二〇年には一二五億本と増え続けている。ワンガリは晩年、がんと闘いながら世界で二番目に大きな熱帯雨林を持つコンゴ盆地の森を守る活動を行った。

ストックホルムでノーベル平和賞を受賞するワンガリ・マータイ博士。（提供・毎日新聞社）

二〇一一年九月二五日、ワンガリはナイロビの病院で三人の子どもと一人の孫、愛する人々に囲まれて静かに息を引き取った。享年七一歳。ケニアのキバキ大統領は生前の功績を称え国葬とすることを決め、一〇月八日、ナイロビ市のウフル公園で国葬が行われた。「木を使わないで」というワンガリの遺言に従い、遺体は草で編んだ特製の棺に納められ、火葬された。

ワンガリは、逮捕・投獄されたこともあったが、決してグリーンベルト運動を投げ出さなかった。妥協も諦めもしなかった。晩年、ワンガリは「人生は闘いです。どんなに絶望的な状況に陥っても、絶対に諦めない。この信念こそが、私の人生を大きく変えたのです」と言った。ワンガリはこの言葉通り、信念に従って生き抜いた「緑の闘士」だった。

3　少女グレタの類い稀な温暖化防止キャンペーン

気候危機を訴えて国会前に座り込む

グレタ・トゥーンベリは二〇〇三年一月三日、スウェーデンの首都ストックホルムで生まれた。父親は俳優スバンテ・トゥーンベリ、母親は著名なオペラ歌手マレーナ・エルンマン、グレタの父方の祖父は俳優兼監督のオロフ・トゥーンベリである。

グレタは基礎学校（九年制。日本の小中学校に当たる）三年生（八歳）のとき、初めて地球温暖化の話を聞いて大きなショックを受けた。なぜ対策がほとんど行われないのか――彼女は一二歳のとき、地球温暖化に対する不安が一因でうつ状態や無気力になり、学校に行かない時期もあった。

この頃、グレタはアスペルガー症候群と診断された。アスペルガー症候群は高機能自閉症の一種。この障害は対人関係がぎこちない、暗黙のルールが理解できない、興味の対象が独特であることが症状と言われる。二〇一八年五月、グレタはスウェーデンの新聞が主催した気候変動エッセイ大会に「私は安心したい。私たちが人類史上最大の危機にあることを知っているのに、どうして安心できますか？」と書いたエッセイを出品、入賞した。入賞後、彼女はある会

地球温暖化抑止対策の強化を訴えてスウェーデン議会前に座り込むグレタ・トゥーンベリさん。プラカードの文字はスウェーデン語で、「気候変動のための学校ストライキ」。(提供・ゲッティイメージズ)

議に出席し、「学生が地球温暖化の対策を訴えてストライキをすることもできると知った」と語った。

同年八月、基礎学校の最終学年である九年生に進級したグレタは「人類最大の気候危機なのに、大人たちは何もしていない。温暖化は学校をサボることよりも悪い」と考え、学校を休んでスウェーデン議会の庁舎壁に「気候変動のための学校ストライキ」と書いたプラカードを立てかけ、その前に一人で座り込んだ。座り込みの抗議は九月九日のスウェーデン総選挙まで連日続け、「大人が私の未来を台無しにしようとしているので、私はこれ(抗議行動)をしている」と書いたリーフレットを道行く人たちに配った。彼女は、総選挙後は学校ストライキの実施日を毎週金曜日だけに減らし、ストライキの名称を「未来のための金曜日」と名づけた。グレタの「学校ストライキ」と国会前の座り込みは、グレタの健康に思わぬよい効果をもたらした。次第に、身も心も生き生きとしてきたのである。

二〇一九年三月一五日の金曜日、グレタの提唱する「未来のための世界気候ストライキ」が、世界一二五か国、約二〇〇〇か所で初めて行われ、参加者総数は一〇〇万人を超えた。グレタがスウェーデン議会庁舎前に初めて座り込んだのは二〇一八年八月二〇日。それからわずか七か月後に、グレタの運動への同調者が一〇〇万人に増加したことになる。グレタのインスタグラムのフォロワーは一一〇万人、ツイッターのフォロワーは四〇万人に増えた。

CO_2の出ないヨットで米国に渡り、デモを先導

九月二三日、グレタはニューヨーク国連本部で開かれる「気候行動サミット」に出席するため、二酸化炭素（CO_2）を排出する飛行機の代わりに、太陽光発電で動く全長一八メートルの競技用ヨットでストックホルムを出発した。「科学者の声に耳を傾けよ」とは、科学重視のグレタの基本路線。ヨットの帆にも「科学に基づいて団結する」と大書した。航海には父親のスヴァンテと船長のボリス・ハーマン、モナコ王室のピエール・カシラギ、スウェーデンのドキュメンタリー作家ネイサン・グロスマンが同行した。一行は荒い海に悩まされながら四八〇〇キロの大西洋を一五日かけて横断、二八日にニューヨークに到着した。

グレタにとっては、ヨットで半月かけて米国に渡るのも、地球温暖化との闘いである。ニューヨーク到着後、グレタは「この気候変動との闘いに関わってくれたみんなに感謝します。これは国境を越え、大陸を越えた闘いだからです」と関係者に礼を述べた。グレタが旅行に飛行機を一切使わず、代わりに鉄道とヨットを利用することが広く知られると、スウェーデン鉄

道の利用客にも影響が出た。同鉄道の報告によると、二〇一九年上半期の鉄道利用者は前年同期と比べて八パーセント増加した。

グレタは国連「気候行動サミット」（九月二三日）を前にグテーレス事務総長に面会した。彼女が「特に若者たちの力が重要です。気候変動に対する意識を高め、権力者たちにプレッシャーをかけたい」と言うと、事務総長は「政治的リーダーの行動は遅れている。若者が権力者や社会の背中を押し、正しい方向に進めてくれると信じています」と語った。

国連「気候行動サミット」におけるグレタ演説を前に、「グローバル気候ストライキ」が、二〇日から二七日まで八日間連続開催された。このストライキには世界一八五か国、七六〇万人以上が参加した。参加者が最も多かったのはイタリアで一五〇万人。次がドイツの一四〇万人だった。ニューヨーク市教育局は学校ストに参加する生徒が親の同意を得られた場合、生徒が学校を休むことを容認した。

国連の場で専門的データを基に効果的な対策を迫る

二〇一九年九月二三日、国連は総会に合わせて「気候行動サミット」を開催した。二〇五〇年までに二酸化炭素排出量を正味ゼロにすること、および新規の石炭火力発電所の建設中止を求め、言葉ではなく行動について議論するためにアントニオ・グテーレス事務総長が招集した。彼は「時間がなくなりつつある。しかし、まだ手遅れではない」として、緊急対策の必要性を指摘し、この要請に応えない米国のトランプ元大統領や日本の安倍晋三元首相、オーストラリアのスコット・モリソン首相などの参加を認めず、約六〇か国の代表が出席した。演説も温室効果ガスを削減するための具体的な対応策を持ってきた国の代表者だけが許された。

高校休学中のグレタは、このサミットに出席した。グレタは世界のリーダーたちを前に約五分間、時に涙を浮かべながら語気鋭く、効果的な気候変動対策の実施を次のように訴えた。

「私はここに立っているべきではない。私は海の反対側で学校に戻っているべきだ。それなのにあなたたちは、私たち若者のところに希望を求めてやってくる。(そんなことが)よくもできるものだ。あなたたちは空っぽの言葉で、私の夢と子ども時代を奪い去った」

「多くの人たちが苦しみ、死にかかっています。生態系全体が崩壊しかけています。私たちは大量絶滅に差しかかっているのに、あなたたちが話すのは金のことや経済発展がいつまでも続くというおとぎ話ばかり。恥ずかしくないんでしょうか! 過去三〇年以上、科学ははっきりと示してきました。必要な政策も解決策もまだ見当たらないのに、それに目をそむけて、ここにやって来て、自分たちは『十分やっている』なんてよくも言えるものだ。あなたたちは私たちの声を聞き、緊急性を理解したと言う。でもどれだけ悲しみと怒りを感じようと、私はそれを信じたくない。なぜなら、もし本当に状況を理解し、それでも座視し続けているとしたなら、あなたたちは悪だからだ。そんなことを信じられない」

グレタは弱冠一六歳。科学者たちの専門的な論文内容を基に国連の場で自分の意見を堂々と披瀝し、そのうえでこれまでよりもはるかに積極的な脱炭素対策を実行すべきであると、強い口調で各国代表に対策の強化を求めた。そして「私はあなたたちを絶対に許さない」と大人たちを厳しく叱りつけた。

これについて彼女は後に、「私は嫌われることなど何とも思わない。そんなことよりも気候の公平性（先進国の人々が気候変動への責任を果たすこと）や地球のことが大切だ」と述べた。並の高校生にできることではない。

グレタは次に「国連気候変動に関する政府間パネル」（ＩＰＣＣ）の数字や最新の論文の科学的データを使って、地球大気の平均気温の上昇を一・五℃までに抑えなければ、後戻りできない連鎖反応の起こる分岐点（ティッピングポイント）を超え、危険な事態になりかねないと、次のように警告した（コラムを参照）。

「二酸化炭素排出量を十年で半分に減らしたとしても、地球の平均気温の上昇を一・五℃以下に抑えるという目標を達成する可能性は五〇パーセントしかありません。そしてそれによる不可逆的な連鎖反応（ティッピングポイントを超えた場合に起こる現象）を埋め合わせることは、制御不能になります。あなた方は五〇パーセントでいいと思っているのかも知れません。しかしその数字には、ティッピングポイントやフィードバック・ループ（フィードバックを繰り返して改善していくこと）、空気汚染に隠されたさらなる温暖化、そして環境正義や平等性などの要素は含まれていません。それなのに、私たちや私たちの子どもの世代に任せっきりで、何千億トンもの二酸化炭素を排出している。私たちは五〇パーセントのリスクを受け入れられません。私たちは、結果とともに生きなければいけないのです」

「地球の気温上昇を一・五℃に抑える確率を六七パーセントにするには、気候変動に関する政府間パネル（ＩＰＣＣ）の最善の見立てでは、二〇一八年一月一日時点で世界に残された二酸化炭素の排出許容量は四二〇〇億トンだった。現在では三五〇〇億トンを下回った。従来通りの取り組みと技術的な解決策でこの問題が解決できるかのように、よくも振る舞っていられるものだ。現状の排出レベルでは、残された二酸化炭素の排出許容量に八年半もたたずに達してしまう。現在、これらの数字に沿って作られた解決策や計画は全くない。なぜなら、これらの数字は都合が悪すぎるからだ。そしてあなたたちはまだ、このようなことを口にできるほど成熟していない」

「あなたたちには失望した。しかし若者たちはあなたたちの裏切り行為に気付き始めている。全ての未来世代の目はあなたたちに注がれている。私たちを失望させる選択をすれば、決して許さない。あなたたちを

国連気候行動サミットで講演、スクリーンに映し出された環境活動家グレタ・トゥーンベリさんと、壇上で座談するグテーレス国連事務総長（左端）、グレタさん（右端）ら。（提供・時事通信社）

逃がさない。まさに今、ここに私たちは一線を引きます。あなたたちが望もうが望むまいが、世界は目覚め始めています。変化が訪れようとしています」

ダボス会議でもCO_2削減対策の強化を訴える

国連「気候行動サミット」から三か月後の一二月二日、グレタはスペイン・マドリードで開かれた国連気候変動枠組み条約締約国会議第二五回会議（COP25）に出席、演説でまたも世界の指導者を「目標を上げるのを避けるため、抜け道の交渉ばかりしている」と厳しく批判した。そして「本当の危機とは、政治家や最高経営責任者（CEO）たちが、中身ある行動を起こすかのように見せつつ、実際はずる賢い計算や創造的な宣伝以外、ほとんど何もしていないことだ」と論難した。世界のリーダーを前にしても歯に衣着せず、核心を衝く直言を述べるのが、グレタのスピーチの特徴である。会場からは大きな拍手が沸き起こり、グレタ人気はさらに高まった。

一一日、米国の雑誌『TIME』は「今年の人」にスウェーデンの環境保護活動家グレタ・トゥーンベリを選んだと発表した。同誌のエドワード・フェルゼンタル編集長は放送局NBCで「地球が今年直面している最大の問題において、彼女は最大の声となった。どこからともなく現れ、世界規模の運動をリードするまでになった」と選出理由を説明した。

二〇二〇年一月二二日、グレタはスイスで開かれた世界経済フォーラム年次総会（通称ダボス会議）に出席、ＩＰＣＣが二〇一八年一〇月に発表した『一・五℃特別報告書』を改めて引用し、講演した。講演でグレタは主に次の三点を主張した。

①世界が産業革命前からの気温上昇を一・五℃以内に抑えるには、二酸化炭素をあと四二〇ギガトンしか排出できない。現状のままでは約八年半でその上限に達すると予想される。

②世界のメディアや指導者らが報告書の内容を全く伝えていない。この問題を報道したくない、語りたくないのは分かる。でも私は同じ数字を何度でも繰り返す。

③地球温暖化対策が何も進んでいない。化石燃料への補助金や投資を今すぐにやめて欲しい。

同年三月一五日、世界の一〇〇万人を超える学生が、効果的な気候変動対策が取られないことに抗議し、金曜日の授業をボイコットした。八月二〇日、グレタや同世代の欧州の環境活動家がドイツのアンゲラ・メルケル首相の招きでベルリンの首相府を訪れ、一時間半、地球温暖化対策について話し合った。グレタは会談後の記者会見でメルケル氏の親しみやすさに言及、そのうえで「メルケル首相には（地球温暖化対策を進める）大きな責任がある。そうした責任を果たす指導者となる大きな責任もある」と語った。

緊要な地球環境問題に敢然と挑むグレタ・トゥーンベリ

地球温暖化をめぐる状況は現在、悪化傾向をたどっている。世界保健機関（ＷＨＯ）の予測によると、温暖化によって起こる食糧不足や熱波、海面上昇、降水量の減少による砂漠化の進行、飢餓の増大、異常気象、熱中症や感染症の拡大、生態系の破壊などにより、二〇三〇年以降、死のリスクにさらされる人は、年間二五万人にのぼるという。最新の気候研究によると、手をこまねいていれば、地球の平均気温がある一定のレベルに達して「暴走状態」になり、取り返しのつかない大惨事をもたらす恐れがある。

文明論で知られる米国の地理学者ジャレド・ダイアモンド博士は、「新型コロナは全員を死に追いやらなかったが、温暖化（地球温暖化）はすべての人の命を奪う可能性がある」（ＮＨＫ制作テレビ番組「コロナ危機　未来の選択」二〇二〇年八月一〇日放送）と述べ、新型コロナをきっかけに二酸化炭素を減らす機運の高まりに期待をかけた。新型コロナの次に人類が直面する危機は、地球温暖化かもしれない。

地球温暖化の抑止こそ、人類の未来を左右する最大の課題だ。グレタ・トゥーンベリは喫緊のこの社会問題に、体当たりで挑んだ。子どもたちは厳しい状況の中で、今後数十年間、生きていかなければならない。グレタにとって最大の願いは、自分たち子どもの未来を閉ざしかねない地球温暖化を、世界の政治指導者を始めとする大人たちに早く解決してもらいたいということである。このため彼女は「私たちは未来が欲しくて、ストライキをしている。これからも続けるつもりです」と言い、子ども世代を代表して、地球温暖化の抑止対策を強く求め、厳しい姿勢で大人たちと渡り合った。その真っ当な主張と真摯な姿勢は世界の共感を呼び、世界の多くの人びとに気候危機の重要性を理解させた。

コラム

人類の未来を閉ざしかねない地球温暖化問題

日本の夏は一九九四年を境に熱中症の死者の多発する夏に変わった。この年、熱中症で命を落とした人は前年の六七人から六〇〇人近くに増加。熱中症による死者数はその後いったん減少したが、二〇〇二年以降増加傾向をたどり、二〇一〇年夏には厚生労働省が人口動態統計を開始して以来最多の一七三一人、二〇一八年には二番目に多い一五八一人にのぼった。

世界中の国々が排出している温室効果ガスの排出総量は約三四〇億トン（二酸化炭素換算）、現在、森林や海洋などの自然が一年間に吸収する二酸化炭素の量は換算すると、一八〇億トンと見積もられている。この排出量は五〇年前に比べると三倍以上、一〇〇年前と比べると、約一二倍も多い。このため、地球の大気中に残る二酸化炭素の量は年に一六〇億トンにのぼっている。森林が破壊されると、二酸化炭素の吸収源が失われるため、地球温暖化がさらに加速される。炭素の排出を削減していかなければ、温暖化は止めることができない。

南極・北極圏や高山の氷河の融解による海面上昇については、専門家でつくっている国連気候変動に関する専門家会議（ＩＰＣＣ）が二〇一九年九月二五日、「海洋・雪氷圏特別報告書」を公表した。それによると、気温上昇の長期目標をパリ協定の長期目標である産業革命前から二℃未満に抑えた場合、二一〇〇年の海面上昇は四三センチ（最大は五九センチ）、二三〇〇年でも一メートル程度に抑えることができる。しかし今後、温室効果ガスを削減しなかった場合、気温は二一〇〇年に最大四・八℃上昇し、海面は二一〇〇年に八四センチ、二三〇〇年には数メートルに達する恐れがある。この報告書では沿岸巨大都市のうち、ニューヨーク、東京、上海、ジャカルタ、ムンバイ、カイロなど二二都市が深刻なリスクを受けるとしている。この報告書の作成に携わったＩＰＣＣ共同議長ハンス＝オットー・ポートナー（海洋生態学）は、「海水温は一九九〇年代に、それ以前の二倍の速さで上昇しています。海水温が上昇すれば、地球規模で未曽有の災害を引き起こす可能性がある。われわれは二〇年前から行動すべきでした。今後、異常気象はより激しく、より多くなっていくことでしょう」と警告した。

二〇一五年に合意された「パリ協定」の長期目標は、「世界的な平均気温上昇を産業革命以前に比べて二℃より十分低く保つとともに、一・五℃に抑える努力を追求する」というものである。このうち「一・五℃に抑える努力目標」については、二〇一八年一〇月八日、韓国で開催された気候変動に関する政府間パネル（ＩＰＣＣ）第四八回総会で「一・五℃特別報告書」として提案され、この報告書が同年一二月にポーランド・カトヴィツェで開催された第二四回国連気候変動枠組条約（ＣＯＰ24）で採択された。

ＩＰＣＣ共同議長を務めるジム・スキー教授はこのとき、「気温上昇の上限を産業革命前の水準から平均一・五℃上昇（筆者注：地球の平均気温は産業革命前から既に一℃上昇しているので、あと＋〇・五℃）までに抑えられなければ、森林火災、洪水、大規模な食料不足が発生する可能性が高い」と発言した。そして、その一・五℃上昇は現在の温室効果ガス排出量の趨勢からみると、早ければ二〇三〇年以降二〇五二年までに起こると述べた。メディアはこれを受けて「地球を救うのに残された時間は一二年だ」と報じた。

「一・五℃特別報告書」と同様の研究はストックホルム大学ストックホルム・レジリエンス・センターの研究者を中心とした科学者チームが共同で執筆し、二〇一九年八月六日発行の米国の科学誌『PNAS』に発表している。この論文によると、産業革命以降、今日までに世界の平均気温は既に約一・二℃上昇している。地球温暖化問題の専門家は、地球の平均気温を一・五℃未満に抑えないと、北極や南極の氷やシベリアの永久凍土の融解、メタンの放出が止まらなくなり、熱帯雨林が消失するなどのドミノ倒しによって、環境が元に戻らなくなってしまうと警告する。

地球全体の気温が二℃上がれば、気候の大きな変化を起こす分岐点（ティッピングポイント）に転がり込み、気候の不可逆的な悪化現象が連鎖的に起きる危険性があるというのである。そして仮に平均気温が三℃から五℃上昇すれば、北極圏、グリーンランド、南極西部、アルプス山脈の氷が大幅に解け出し、さらに亜寒帯林とアマゾン熱帯雨林の消失、多くの種の絶滅のリスクが生じる。ポツダム気候影響研究所のヨハン・ロックストローム所長は「地球の平均気温が一・五℃を超えてしまうと、温暖化の悪循環に陥ってしまい、さらに気温上昇が加速する可能性があるのです」、「いま地球が不安定化する瀬戸際にあることは科学的に明らかです。これからの一〇年が人類の未来を決めると言っても過言ではありません」と語っている。

スウェーデンの環境活動家グレタ・トゥーンベリが二〇一九年九月二三日、国連「気候行動サミット」で力説したのは、もはや後戻りできない悪循環に陥らないうちに地球の平均気温を一・五℃未満に抑えようという呼びかけだった。これによって、熱中症、豪雨、海面上昇のいずれをとっても、パリ協定で「目標」とされた二℃よりも、「努力目標」とされた一・五℃の達成が重要視されるようになった。

第3章

環境汚染・公害

1　環境汚染と果敢に闘ったレイチェル・カーソン

レイチェルに自然のすばらしさを教えた母マリア

レイチェル・カーソンは一九〇七年五月二七日、米国ペンシルベニア州スプリングデールで生まれた。父はロバート、母はマリア。姉マリアンは十歳年上、兄ロバート・ジュニアは八歳年上だった。父ロバートは広い農場を所有し、家はその農場の小高い丘の上にあった。家の周囲には森や野原、川があり、レイチェルは豊かな自然の中で育った。両親は敬虔なクリスチャン。とりわけ母マリアは牧師の家に生まれ育ち、女子神学校を優秀な成績で卒業した女性で、ロバートと結婚する前は教師をしていた。

レイチェルが生まれた頃、ロバートは保険の外交員をしていた。その収入は五人家族を養うには十分ではなかったので、マリアがピアノを教えたり、果樹園でとれたリンゴを売ったりして家計を支えた。読書家で、音楽の才能が豊かなマリアは、自然を愛する気持ちを培う「自然学習運動」にも熱心に取り組んだ。レイチェルは幼い頃、自然の中で母と過ごした思い出を、後に「いつのまにか、自然界やそこに棲む生物に強い興味を抱いていました。そうした興味は母から受け継ぎ、つねに母と分かちあってきたものです」と回想している。自然を心から愛し、環境を保護しなければならないというレイチェルのマインドは、こうして培われた。

レイチェルは読書好きな母の影響で、十歳にならない頃から本を読むのが大好きになった。マリアは当時、米国で多くの子どもたちに読まれていた雑誌『セントニコラス』を上の子どもたちが本を読める年頃になってから、ずっと購読していた。レイチェルは一〇歳のとき、この雑誌の投稿欄に、初めて自分が書いた「雪の中の戦い」と題する物語を投稿した。それは、第一次世界大戦に空軍の志願兵として参戦した兄ロバートが家族に宛てて送ってきた手紙の中に書かれていたエピソードをもとに書いたものだった。この物語は第二位に入賞、『セントニコラス』の投稿欄に「銀バッジ獲得作品賞」として掲載された。レイチェルはこの後も作品の投稿を続け、それらはすべて投稿欄に掲載され、賞金を獲得した。彼女はこのとき、作家になりたいという夢を抱いた。

修士号を取得して漁業局に就職、次々にヒット作品

暮らしは楽ではなかったが、両親は経済的な負担を覚悟の上で、レイチェルだけは大学に進学させた。一九二五年五月、レイチェルは優秀な成績でパルナサス高校を卒業し、名門のペンシルベニア女子大学に入学した。成績の優秀なレイチェルには州から年間一〇〇ドルの奨学金を支給されることになったが、学資と寮の費用を合わせると、年間八〇〇ドルが必要だった。このため両親は農場の一部を切り売りしたが、それでも足りない。不足分はマリアがピアノを

教える生徒の数を増やすなどして工面した。

将来、作家になる夢を持っていたレイチェルは、大学では英文学を専攻するつもりだった。ところが大学二年になり、必修科目の生物学の講義を受けているうち、生物学に非常な興味を覚えた。この頃、生物学の講義を担当していたのはメアリー・スコット・スキンカー教授。スキンカーは知性豊かで、洗練された女性だった。レイチェルはスキンカーの講義により、子どもの頃、母マリアから得た知識に科学の裏付けを得た。そしてもっと深く知り、理解したいという欲求が募っていった。一九二九年春、レイチェルはペンシルベニア女子大学を卒業し、同年秋、メリーランド州ボルチモアにある名門ジョンズホプキンス大学の大学院動物学科修士課程に進学した。一九三二年四月、レイチェルは修士論文を書き上げ、修士号の学位を取得した。

一九三五年七月、父ロバートが裏庭で突然倒れ、そのまま息を引き取った。七一歳だった。レイチェルはいい働き口はないかと思い、ペンシルベニア大学の学生時代、生物学を教わったスキンカー元教授に相談した。この頃、スキンカーはワシントンの農務省に研究者として勤務していた。スキンカーは知り合いの漁業局エルマー・ヒギンス科学調査部長を訪ねてみるように勧めた。

レイチェルがヒギンスを訪ねると、ラジオ番組の台本書きの仕事をやってみる気はないかと尋ねられた。漁業局は当時、様々な角度から海や魚のことを取り上げ、一般の視聴者に紹介する七分間のラジオ番組を毎週一回担当していた。それはレイチェルにとって願ってもない仕事だった。彼女はやらせてくれるよう頼み、台本書きの仕事がその場で決まった。レイチェルの書いた台本による放送は好評だった。

この番組が終わると、ヒギンス部長は漁業局が発行するパンフレットのための文章を書くよう依頼した。レイチェルが「水の世界」と題する文章を書いて提出すると、ヒギンスは「この文章はパンフレットの原稿にはもったいない」と言い、手直しして『アトランティック・マンスリー』という雑誌に投稿するよう勧めた。海洋生物の知識が豊かで、プロの作家並みの文章を書くレイチェル。もともと書いた文章の中には雑誌に掲載されるものもあり、評価が高まった。一九三六年夏、ヒギンス部長に勧められ、初級水生生物学者の公務員試験を受験したところ、レイチェルはトップの成績で合格した。彼女はヒギンスの推薦で漁業局に配属され、常勤の科学者として漁業局の発行するパンフレットなどに文章を書く仕事に従事した。

一九三七年、レイチェルはヒギンスが勧めてくれたように「水の世界」という原稿を手直しして『アトランティック・マンスリー』誌に投稿した。原稿は同誌に「海のなか」というタイトルの四ページの記事として掲載された。レイチェルには当時の彼女の月給の半分に相当する一〇〇ドルの原稿料が支払われた。この記事「海のなか」がレイチェルの作家デビューとなった。この後、レイチェルは『潮風の下で』を一九四一年一一月、『われらをめぐる海』を一九五一年七月、『海辺』を一九五五年一〇月、それぞれ刊行し、三冊立て続けのベストセラーという快挙により、「海の伝記作家」と呼ばれた。

DDTの空中散布と『沈黙の春』の執筆

DDTは一八七四年にオーストリアの化学者O・ツァイドラーが合成した化学物質である。彼は自分が合成したDDTに強力な殺虫作用があることに気づかなかった。殺虫作用があることを発見したのは、スイスの化学企業ガイギー社に勤務する化学者パウラ・ミュラーである。彼は一九三九年九月、昆虫学者と一緒に蛾の織物被害について研究をしている最中、DDTに蛾、シラミ、ノミ、アブラムシなどの昆虫に駆除作用のあることを知った。ミュラーが改めてDDTの性質を調べてみると、化学的に安定しているうえ、哺乳類や植物には比較的毒性が低いことがわかった。そこでガイギー社に働きかけた結果、同社がDDTを殺虫剤として開発することになり、一九四〇年、DDT開発の特許を取った。

第二次世界大戦中、兵士たちの間にシラミの媒介する発疹チフスや蚊が媒介するマラリアが流行し、多くの人命が失われた。米軍はDDTが蚊やシラミ、ノミなどに優れた殺虫効果を持っていることに着目、戦場でこれを蚊やシラミの駆除に使い、その結果、伝染病による死者が激減した。連邦政府はDDTを伝染病の防止目的だけでなく、殺虫剤としても使用するため、一九四二年一〇月、ガイギー社から特許を買い取り、DDTの殺虫効果や人間への毒性や影響などについて研究した。一つの化学物質の安全性をチェックするためには最低四年をかけて八〇〇種もの動物実験を行う必要があると言われるが、この時は一年程度の実験の結果、人間への有害性については「無害」と結論、工業生産を始めた。

第二次世界大戦後、連邦政府は農作物に被害をもたらす害虫の駆除を目指して、大規模な空中散布を主導した。当時、アメリカ農務省はヒアリなどの害虫撲滅計画のもと、ＤＤＴの空中散布の旗振り役となっていた。これを受けてニューヨーク州当局は蛾の一種であるマイマイガの駆除を目的に、重油と混ぜ合わせたＤＤＴを空中から散布していた。空中散布が行われると、害虫と一緒に益虫や昆虫を餌としている野鳥も死に、家畜までも犠牲になったうえ、農作物や土壌、河川の水質も汚染され、生態系に悪影響が出始めた。ＤＤＴには人間にも慢性的な影響のあることが後にわかるのだが、この時点のおざなりな調査研究では、そのことがわからなかった。

一九五八年一月、レイチェル・カーソンのもとにマサチューセッツ州に住む知人の元新聞記者オルガ・ハキンズ夫人から手紙が届いた。手紙には、マサチューセッツ州当局が州内の蚊を撲滅する計画を立て、一九五七年に専用の飛行機で数度にわたって大量の殺虫剤を散布したことが書かれていた。殺虫剤はハキンズ夫妻の自宅に隣接する周囲二エーカーほどの森にも撒かれた。散布した結果、ハキンズ家の森では確かに大量の蚊が死んだが、人に害を与えない多くの生きものも命を落とした。彼女はマサチューセッツ州当局が近く新たな空中散布を実施する予定だと言い、この計画をやめさせるためにレイチェルに援助を求めてきたのである。

レイチェルはハキンズ夫人から手紙をもらう前にも、ニューヨーク州ロングアイランドでＤＤＴの空中散布が強行され、「ＤＤＴの乱用は生物に悪影響を与えずにはいません」と警告する手紙を雑誌社に書き送ったことがある。

同州では、空中散布のために汚染された水飲み場の水を飲んだ馬も死んだ。この地でみずから無農薬有機農法を実践していたマージョリー・スポックにとって、DDTの空中散布は死活問題だったため、スポックは抗議行動を起こした。スポックを始めとする市民たちは殺虫剤の散布を止めるよう求めて裁判を起こしたが、訴えは却下された。レイチェルはスポックと連絡を取りながら、農薬の空中散布を批判する記事を雑誌に載せようと考え、何社かの雑誌社に殺虫剤の危険性について記事を書かせてほしいと依頼した。しかし雑誌社はレイチェルの申し入れをことごとく拒否した。

レイチェルは殺虫剤や農薬の危険性について真正面から取り組み、空中散布を告発する本を刊行する必要があると考えた。しかし自分は殺虫剤や農薬に通じた化学の専門家ではない。そこで自分と同じ問題意識を持つ誰か別の人に告発書を書いてくれるよう依頼してみることにした。この仕事に最適だと考えたのが、DDTなどの危険性を早くから問題提起していた雑誌『ニューヨーカー』のE・B・ホワイトだった。レイチェルは彼に本を書いてもらえないかと依頼する手紙を書き送った。返事はすぐに来た。ホワイトは本を出す意義は十分に認めるが、それを自分が書く考えはないと明確に断ったうえで、レイチェル自身が書くよう勧めた。

この仕事を頼める適当な人が他にいないレイチェルは、自分が書くしかないと決意した。出版社が出版はホートン・ミフリン社の編集長ポール・ブルックスが引き受けることになった。出決まると、レイチェルは殺虫剤・農薬問題の調査と執筆に全力で取り組んだ。告発する側に少しでも隙があってはならないと考えたレイチェルは、多くの研究者に教示を依頼する手紙を送った。すると、研究者たちから膨大な資料が彼女のもとに寄せられた。

一九五八年、最愛の母マリアが脳卒中で亡くなった。八九歳だった。母の介護から解放されたレイチェルは広範な情報収集を行ない、膨大な資料を有効に使いこなすためには、優秀な秘書兼アシスタントが必要だと考え、ジーン・デービスを起用した。レイチェルはジーンの調査・取材に支えられ、執筆を進捗させた。

殺虫剤・農薬業界の攻撃とレイチェルの対応

一九六一年八月末、四年がかりで進めてきた殺虫剤・農薬の危険性に関する原稿がようやく完成に近づき、レイチェルは著書のタイトルを検討し始めた。このとき、母マリアが生前、原稿中の「春が来たのに鳥の鳴き声が聞こえない」という文章から『沈黙の春』にしてはどうかと提案したことを受け、これに決めた。一九六二年一月末には主要な章の大半が完成した。

彼女は書き終えた『沈黙の春』の原稿を出版社に送った。編集担当者らはレイチェルの原稿を読み、「一般向けの本としては難しすぎるのではないか」とコメントするとともに、揚げ足を取られないように政治色を薄めるための修正をした。また、①製薬会社や業界団体からの提訴を見越して印税収入の一部を訴訟費用に充てる、②政府内部からの反撃に備えて議会対策

『沈黙の春』の著者レイチェル・カーソン。（提供・アマナイメージズ）

（ロビー活動）用に事前にゲラ刷りを関係者に配布する、③報道機関にもあらかじめ情報を流す、④『沈黙の春』の出版（九月下旬）前に雑誌『ニューヨーカー』に要約を連載する――という入念な対策をとることを決めた。

　レイチェルは対策④のため、『ニューヨーカー』編集担当のショーン宛に原稿のコピーを送った。数日後、ショーンからレイチェルに「素晴らしい原稿だ」と絶賛する電話がかかってきた。彼女はこの時のことを「自分にできることは、すべて成し遂げたという深い満足感が、私の胸に大きく波打っていました」（ポール・ブルックス著『レイチェル・カーソン』（上遠恵子訳）、新潮文庫）と述懐している。

　六月、『沈黙の春』の要約が『ニューヨーカー』に連載され始めた。するとすぐに、殺虫剤・農薬業界の関係者が、レイチェルを誹謗中傷する手紙を書き送ってきた。レイチェルは殺虫剤の使用を厳禁せよなどとは一言も書いていない。生物に悪影響を及ぼす毒性の化学薬品を大規模に散布するのはよくない。殺虫剤・農薬を使うならば、使う薬品について科学的に十分検討し、抑制的に使用すべきであると警告しているだけなのに、農薬メーカーは名誉の毀損に当たるとして出版中止を要求し、「応じなければ告訴する」と大変な剣幕である。レイチェルは過去四年間の調査・研究と情報収集により、攻撃を跳ね返すだけの自信を持っていたので、出版中止要求を断固として拒否し、告訴の脅しは無視した。

ＤＤＴを製造販売していたデュポン社は『沈黙の春』のゲラ刷りの提供を要求し、ヴェルシコル社は法的措置をちらつかせた。また農薬会社の業界団体であるＮＡＣＡや農務省も反論の姿勢をあらわにした。ＮＡＣＡは「反カーソン・パンフレット」の作成、報道機関への裏からの圧力、反論記事の投稿など考えられる限りの反撃をした。化学薬品メーカーは①『沈黙の春』は一般書にすぎない、②著者はプロの科学者ではない、③女性が書いた――の三点を挙げてレイチェルに反論した。全米農業薬品協会は『沈黙の春』を攻撃するため、二五万ドルの予算を計上、レイチェルと『沈黙の春』を厳しく批判した。厳しい批判の先頭に立ったのは農薬産業界で働く科学者たちだった。レイチェルは「反論パンフレット」を配布、防戦に努めた。

一九六二年九月二七日、注目の『沈黙の春』が刊行された。レイチェルはこの本の中で、殺虫剤・農薬の散布によって昆虫、魚、鳥などの野生生物が大量に死んだ事例を紹介、怒りをこめて告発している。その代表的なケースが一九四九年、カリフォルニア州の釣りのメッカ、クリア湖でブユという蚊に似た昆虫の駆除を目的に行われたＤＤＤの散布と、イリノイ州シェルダンで農作物を食い荒らす害虫マメコガネの駆除に毒性の強いディルドリンという殺虫剤の大量散布の二つである。ＤＤＤはクリア湖のブユを撲滅する目的で湖の全面に空中散布された。

散布は繰り返し実施されたためブユは絶滅したが、クリア湖に一〇〇〇つがい以上棲息していた水鳥カイツブリが三〇つがいに減ってしまった。レイチェルは、DDDにもDDTにも細胞を破壊する性質があり、人間の副腎皮質をひどく侵す恐れがあるとの医学論文を紹介、「人体にこんな恐ろしい副作用のある物質を、虫を殺すのだといって使っていいのだろうか」と書いた。

一方のディルドリンは、DDTの五〇倍も毒性が強い殺虫剤である。連邦政府農務省とイリノイ州シェルダンが一九五四年、害虫マメコガネムシの駆除計画を立て一四〇〇エーカーの範囲にディルドリンを空中散布、翌五五年には散布面積を二六〇〇エーカーに広げた。農務省とイリノイ州はその後も空中散布を繰り返し、一九六一年末までのディルドリンの散布総面積は一三万二〇〇〇エーカーになった。ディルドリンの大規模な散布により、シェルダンでは野鳥が絶滅状態になり、リス、ウサギなどの野生動物、食肉用の牛、飼い犬、飼い猫などが死んだ。レイチェルは「いったい、これらの動物のうちのどれが私たちに害を与えるというのだろうか」と強い怒りの気持を表明している。

『沈黙の春』は殺虫剤の問題で注目すべき問題提起をしているだけでなく、自然環境を新たな視点で捉え直すきっかけを与えた。このため、発売からわずか二週間で米国でベストセラーになり、二〇か国以上の言語に翻訳され、人々の環境保護に対する意識を徐々に変えていった。

科学諮問委が大統領にレイチェル支持の報告書

一九六二年八月二九日、ケネディ大統領は記者会見で「農務省や公衆衛生院に農薬使用の影響調査を指示しましたか」との記者の質問に対し、「もちろんです。カーソン女史の著書の影響も考慮して、現在、関係当局に調査をさせています」と答えた。ケネディ大統領は残留性のある殺虫剤の環境に及ぼす影響の重要性を理解し、この記者会見に先立ち、農務省に調査を指示したうえ、自らの科学顧問に対し委員会を設置して問題を検討するよう命じた。これにより、大統領直属の科学諮問委員会が設けられ、同委員会は約八か月間、調査と審議を続けた。

一九六三年四月、CBSがDDTの空中散布問題とレイチェルの著書『沈黙の春』を特集した討論番組を放送することになった。CBSは放送の二週間前、番組の予告をしたところ、放送局に「公平な立場を取るよう望みます」という手紙が一〇〇〇通以上寄せられた。この番組にはレイチェルと化学産業で働く化学者ロバート・スティーブンスが出演、次のように討論した。

レイチェル　殺虫剤の効果や安全性について、よく聞かされていました。でも、その危険性や非効率性については何も知らされていませんでした。それなのに殺虫剤の使用を黙認させられました。この現状を是正するため、私は本を出版したのです。

スティーブンス　カーソン氏は「人類が生存するためには自然のバランスが欠かせない」と考

えているが、われわれ科学者や生物学者は「人類は着実に自然を支配している」と信じている。

レイチェル　自然のバランスとは、環境と生物の相互関係から成り立つものなのです。

この番組の影響は大きかった。いまや時の人になったレイチェル・カーソンが農薬産業や化学薬品の業界団体サイドからの激しい攻撃にひるむことなく自らの主張を貫いたことから、レイチェルに対する社会からの支持が一気に高まった。これを受け、CBSの特集番組の翌日、上院の公聴会が開かれた。レイチェルは席上、次のように発言した。

「国民には他者が散布した毒物に対し、守られる権利があります。私は生物学者として、その権利は基本的人権の一つであるべきだと確信しています。抜本的な改善策を求めます」

CBSの特集番組の放送から一か月後の五月一五日、大統領直属の科学諮問委員会は、八か月がかりでまとめた報告書をケネディ大統領に提出した。報告書の要点は次のとおりである。

①環境中に増えている残留性化学物質は残留性農薬の使用を減らすことによって抑制しなければならない。

②その一歩として連邦政府の諸機関は、やむを得ず使用する場合以外は残留性農薬の大規模使用を制限しなければならない。

③残留性を持つ農薬の使用禁止を最終の目的としなければならない。

④政府は国民に農薬の価値を理解させるとともに、その危険性についても知らせなければならない。国民は『沈黙の春』が出版されるまで、農薬の毒性について知らされていなかった。

科学諮問委の報告書は、『沈黙の春』の主張を全面的に認めるものだった。レイチェルは農薬産業などとの闘いに完勝した。米国では一九六〇年代後半にミシガン州、アリゾナ州がDDTの使用を禁止し、残りの州も一九七〇年代初めまでに使用禁止措置を取った。

この頃のレイチェルは、自らの身体を蝕むがんとの闘いにも向き合わなければならなかった。がんは頸椎骨や骨盤の左半分、肝臓に転移した。レイチェルは歩行困難となり、車椅子に頼って数々の講演要請に応えた。

一九六三年の秋、レイチェルは講演依頼を受け、重症をおして大陸を横断、サンフランシスコまで旅をし、一時間にわたる気迫のこもった講演をした。帰宅後、レイチェルは眠って過ごす時間が多くなり、主治医が「生きているのが奇跡である」と言うほど重い症状になった。脳下垂体切除という手術が行われた。

一九六四年四月一四日、レイチェルは波乱に富んだ五六年の生涯に幕を閉じた。遺灰はレイチェルが好きだったメイン州の海岸に撒かれた。

レイチェル・カーソンが遺したもの

ＤＤＴを始めとする農薬などの化学物質による環境汚染の危険性を訴えた『沈黙の春』は、化学物質公害を告発し、自然保護を訴える先駆的な本である。この本を貫いているのは、「生物と人間は生命の誕生以来、互いに共生しつつ歴史を織り成してきたのに、人間は二〇世紀になって手に入れた恐るべき力を用いて自然を変えようとしている」という明確な視点である。

一九六二年九月、『沈黙の春』が出版されると、僅か半年で五〇万部も売れた。レイチェルのこの著作は、それまであまり知られていなかった農薬の残留性や生物濃縮がもたらす生態系への影響を公にしたため、社会的に大きな影響を与えた。『沈黙の春』を読み、ＤＤＴ空中散布による環境汚染防止の訴えに共鳴する人たちは、一九七〇年四月二二日、環境汚染に抗議する大規模な運動「アースデー」を開催した。レイチェルの指摘と市民運動により、生体内に蓄積し食物連鎖により濃縮される恐れのある農薬には基準値が設けられ、一九七二年、ＤＤＴは禁止された。日本でも一九七三年、これまでの化学物質の安全性に関する考え方を根本的に覆す「化学物質の審査及び製造等の規制に関する法律」が制定された。

コラム

『沈黙の春』を読んで環境政治家になったアル・ゴア

アル・ゴアは一四歳のとき、レイチェル・カーソンの著書『沈黙の春』を読み、殺虫剤が環境への脅威になっていることを初めて知った。ゴアがこの本を読んだのは、母が「極めて重要な本だから、読みなさい」と勧めたからだった。ゴアはハーバード大学卒業後、ベトナム戦争に陸軍報道班員として半年間従軍、そこで米軍がジャングルに大量の除草剤を空中散布したうえ、樹木を跡形もなく焼却してしまう枯葉剤作戦を目の当たりにし、大きな衝撃を受けた。

ベトナムから帰還後、ゴアはテネシー州で新聞記者をしながら、これからの人生設計を考えた。このとき、『沈黙の春』をもう一度読んだことで、自分は政治家になり、戦争と環境破壊をなくすことをメインの仕事にしようと心に決めた。

こうしてゴアは民主党から下院議員に立候補して当選、政治家になり、一九九三年七月、副大統領になった。ゴアは二期八年間、副大統領を務め、大統領選挙に立候補して僅差で敗れた。このあと、地球温暖化防止を自らの使命とし、一〇〇〇回を超える講演のほか、『不都合な真実』と題するドキュメンタリー映画に出演、二〇〇七年二月、アカデミー賞を受賞した。レイチェルの著書は、ゴアの生き方を決めたのだ。

2　水俣病と闘った作家・詩人、石牟礼道子の生涯

苦しかった軍国主義下の教職生活

石牟礼道子（旧姓吉田）は一九二七年三月一一日、熊本県天草郡河浦町（現天草市）の生まれ。白石亀太郎、吉田ハルノ夫妻の長女である。石牟礼は一九四三年、三年制の水俣町立実務学校（現熊本県立水俣高等学校）を卒業すると、代用教員養成所に入り、一六歳で代用教員として田浦小学校に赴任した。生徒と年齢があまり違わない、おかっぱ頭の少女教師の誕生である。

石牟礼はここで四年間、裁縫などを教えた。彼女は教師として軍国主義教育に携わることが苦しかった。それでも教壇に立って生徒と向き合えば、一生懸命に教え、愛情も注いだ。だが一九四五年八月の敗戦を機に、満蒙義勇軍や出征軍人を激励して送り出したことなどへの反省の気持ちが沸き起こった。こうした心のわだかまりを払拭しようとしたのか、石牟礼は翌四六年一月四日、学校にあった亜ヒ酸を飲んで自殺を試みたが、吐き出して一命を取りとめた。

一九四七年三月、二〇歳のとき、石牟礼は教職を辞め、中学教師の石牟礼弘と結婚した。石牟礼と弘の新婚生活は弘の実家の石牟礼家で始まった。石牟礼家はきょうだい八人の大家族。石

南九州の封建的な農家の嫁は、朝暗いうちから外で働かなければならない。石牟礼は雨の日も風の日も、一斗入りの大きなバケツを天秤棒で前と後ろに下げて担う仕事をした。結婚翌年の四八年一〇月、長男道生が誕生。弘と石牟礼はその後、住まいを何か所か転々と変えながら暮らしていたが、やがて弘が流木や廃材などを利用して水俣川河口近くに自力で六畳一間板敷きの小さな小屋を建て始めた。石牟礼の父亀太郎がこれに協力、一九五三年に小屋が完成した。

水俣病の特別病棟で受けた衝撃

石牟礼は生来、感性の鋭い人である。中学程度の教育しか受けずに主婦になったが、今の世の中に自分が合わないという違和感を募らせていた。彼女は精神の安住の場を、好きな文学活動に求めた。一九五四年、当時水俣の生家で療養していた詩人谷川雁と知り合った。文学好きな石牟礼は谷川の主宰する「サークル村」に参加、主婦業のかたわら本格的な文学活動を開始した。教師時代から詩と短歌を作っていた彼女は一九五一年頃、新聞や雑誌に短歌を投稿、一九五六年には『短歌研究』に入選するまでに頭角を現した。だが次第に歌にあきたらなくなり、代わって力を入れ始めたのが作家活動である。そのきっかけは水俣病患者との出会いであった。

石牟礼が市立病院特別病棟の個室を訪れ、患者の異様な情景を目にしたのは、「奇病」患者が初めて収容されてから三年後の一九五九年五月である。長男道生が小学生のとき結核になり、水俣の市立病院に入院した。石牟礼が隣の水俣病特別病棟の廊下を歩くと、あちらこちらの病室から言いようのないうめき声が聞こえた。それは「かげろうのもえたつ初夏の光線を透かしているにもかかわらず、まるで生ぐさい匂いを発しているほら穴のよう」だったという。

石牟礼はある漁師の個室を訪ねた。一九〇三年生まれの漁師はベッドから転げ落ち、床の上に仰向けになっていた。腕と脚は骨と皮だけにやせ細り、「まさに魂魄この世にとどまり、決して安らかになど往生しきれぬまなざし」だった。この漁師は翌六〇年一〇月に死亡した。次の個室に入ると、真新しい壁に爪でかきむしられた跡が残っていた。三つ目の個室では、患者が意識を取り戻したあと、激しい全身痙攣《けいれん》を起こしていた。

石牟礼は特別病棟の個室でこうした水俣病患者たちの病状を目撃し、言い知れない衝撃を受けた。患者の印象を後に『苦海《くがい》浄土　わが水俣病』（講談社）の中にこう書いている。

「かなしげな山羊のような、魚のような瞳と流木じみた姿態と、決して往生できない魂魄は、この日から全部わたくしの中に移り住んだ」

こうして石牟礼は、何かにとりつかれたように水俣病多発地区の漁村に通い、患者の家を一軒一軒訪ね歩き、水俣病の患者の聞き書きを始めた。石牟礼は話を聞くと、ひたすら筆を走らせた。

石牟礼は熊本大学医学部の医師の水俣病患者検診や保健所の住民健診にはいつも片隅に身を置いて、患者の声に耳を傾け、生活者の場・患者の側から聞き取りをした。石牟礼が聞き書きで出会った人の中には、胎児性水俣病患者の少年、半永一光もいた。石牟礼は胎児性患者の半永を励まそうと、彼の暮らしている水俣市立病院を何度も訪れた。

チッソ水俣工場は一九三二年五月、無機水銀を触媒として使ってアセトアルデヒドの製造を始めた。触媒の無機水銀が装置の中で有機水銀に変化し、これが未処理のまま工場廃水として海に流し込まれ、魚介類を汚染、その水銀汚染魚を多食すると水俣病になる。水銀濃度の濃い汚染魚を多食すると、壁を爪でかきむしったり、激しい痙攣で身体を振るわせ続ける劇症型の症状になる。石牟礼が水俣病の特別病棟の病室を回って衝撃を受けたのは劇症型の患者たちだった。このような症状は一九四〇年代から五〇年代にかけて水俣湾沿岸の月ノ浦、湯堂、茂道などで多発した水俣病患者の特徴で、ハンター・ラッセル症候群と呼ばれている。

例えば、月ノ浦の漁民集落に住むHは、主にタコやカニ、ナマコ、カキなどの底棲魚介類を漁獲し、ナマコやカキを多食していた。底生魚介類は水銀濃度が高く、これを多食したH一家四人は劇症型の水俣病で相次いで死亡し、Hの二六歳の長男は自殺した。自殺は父や兄弟の相次ぐ水俣病罹患と死亡が根本的な原因ではなかったか。残されたH自身も歩行時の動揺やよだれなどの症状から、さらに錯乱状態にまで進行して一九四九年五月一一日に死亡した。

少女時代、人間の世界とそれを取り巻く自然の境に遊んだ石牟礼は、成人して水俣病という深刻な水銀公害事件に遭遇、文筆をもって痛烈に警鐘を鳴らし始める。その告発を通じて「近代とは何か」という疑問を抱くようになり、近代文明の負の部分を明るみにするスケールの大きな作家になっていく。

人々の心を揺さぶった『苦海浄土　わが水俣病』

石牟礼は漁民のチッソ水俣工場への乱入（一九五九年一一月二日）など、一五年間の漁民や水俣病患者をめぐる主な事件・出来事や運動も織り込んだドキュメント「海と空の間に」をまとめ上げ、渡辺京二が編集する小冊子『熊本風土記』に一九六八年まで八回にわたり連載した。この連載記事を読んだ同人誌『サークル村』以来の石牟礼の友人で、記録作家の上野英信がぜひとも本にしようと上京、岩波書店に原稿を持ち込んだ。しかし岩波の編集部には、評価する編集者が一人もいなかった。上野は岩波を断念し、講談社に話を持って行った。

『苦海浄土　わが水俣病』は一九六九年一二月、講談社より出版された。主題は夫の弘の提案通り『苦海浄土』が採用された。水俣病の悲惨さと患者の苦しみを刻みつけるような文体で抉り出したこの本は、公害問題の全国的な盛り上がりという背景もあって大きな反響を呼び、水俣病問題が社会的に注目される契機になった。この本は多くの国で翻訳出版され、人類未曽有の大規模水銀公害の悲惨さ、恐ろしさを世界に知らせた。また、大宅壮一ノンフィクション賞（第一回）と熊日文学賞の受賞作となったが、石牟礼は、こう言っていずれも受賞を辞退した。

「賞を贈ってくださる気持はうれしい。しかし水俣病患者の苦しみは続いています。その患者の苦しみを思えば、賞と名のつくものを受ける気にはなりません」

そして水俣病患者の悲惨な実態を社会にもっと強く訴えることを心に決め、季刊誌『辺境』

に『苦海浄土　わが水俣病』の続編を執筆し始めた。

工業化と公害・自然破壊は日本の戦後史の負の側面の一つだが、公害の中で最も激甚かつ悲惨だったのが水俣病である。石牟礼の『苦海浄土　わが水俣病』は、基本的にはその水俣病を通して自然と共生する人間の在り方を主題とし、痛ましい有機水銀被害と人々の苦難を不知火海近辺の美しい自然と対比しつつリアルに描き出している。石牟礼は『苦海浄土　わが水俣病』をどのような気持ちで書いたのだろうか。ある批評家の問いに彼女は「一人で闘うつもりで書きました」と答え、「今も闘っているつもりです」と付け加えた。

水俣病の患者は身体の自由を奪われるだけではなく、言葉を自由に発することもできない。それをどのように書くか。石牟礼は最初、迷ったのではないだろうか。結局、彼女は『苦海浄土』の第3章「ゆき女きき書」中で、話せない患者から発せられた言葉であるかのように書く道を選んだ。具体的に言えば、五〇歳近い夫の坂上と四〇歳近い妻ゆきはお互い再婚同士。夫婦ともに結婚して三年も経たずに水俣病を発症、ひっきりなしに痙攣する。こんな症状を持つゆきが筆者の石牟礼に不知火海への想いを次のように伝えたと書いている。

「海の上はほんによかった。じいちゃんが艫櫓ば漕いで、うちが脇櫓ば漕いで。いまごろはいつもイカ籠

石牟礼道子の代表作『苦海浄土　わが水俣病』(講談社)。

やタコ壺やら揚げに行きよった。ボラもなあ、あやつたちもあの魚どもも、タコどもももぞか（可愛い）とばい。四月から十月にかけて、シシ島の沖は凪でなあ」

ゆきは亡くなった後、生前の彼女の意志によって解剖に付される。身体がバラバラにされたときにも、石牟礼は「うちゃぼんのう深かけんもう一ぺんきっと人間に生まれ替わってくる」というゆきの最後の言葉を聞いたと書いている。

『苦海浄土』の第3章は、作者が言葉を奪われた登場人物から心の叫びを豊かな感受性で聞き取って書き綴った文学作品である。

水俣病患者支援運動に参加

新日本窒素と通産省は水俣病の発生原因を絶つ措置をとらず、熊本県の水俣湾産魚介類の漁獲・販売禁止計画も失敗したため、水銀廃水の放流が続き、水俣病患者は増加の一途をたどった。状況を大きく変えたのは、一九六八年九月、政府（厚生省）が「熊本水俣病はチッソ水俣工場のアセトアルデヒド・酢酸設備内で生成されたメチル水銀化合物である」と断定したことである。水俣病の公式発見から一二年、熊本大学医学部「水俣病研究班」が原因物質を有機水銀と発表してから九年経っていた。

これを機に沈黙を迫られてきた水俣病患者たちがチッソに補償を要求、交渉が始まった。しかし補償交渉は決裂、一任派と訴訟派に分裂し、一九六九年六月一四日、遂に患者家族二八世帯一一二人がチッソを相手取り、総額六億四二三九万円の損害賠償を請求して熊本地裁に訴訟を起こした。

患者支援の市民運動は訴訟提起に先立ち、一九六八年から始まった。石牟礼は『苦海浄土わが水俣病』を書き上げると、この訴訟の原告団支援のために結成された「水俣病研究会」に参加した。メンバーは医師、法律家、ジャーナリスト、チッソの労働者など様々な分野の一二人。メンバーは議論の結果を『水俣病に対する企業の責任』と『認定制度の研究』と題する二冊の報告書にまとめ、刊行した。

水俣病研究会のメンバーとして原告団支援活動に携わってきた石牟礼は、友人に呼びかけて「水俣病を告発する会」（代表、本田啓吉）を結成、患者と家族を支援した。石牟礼の運動への参加は、チッソが引き起こしている公害（水銀廃水の放流）に反対する運動に参加するというより、水俣病患者に寄り添い支援する、水俣病患者救済運動への参加である。石牟礼家は患者支援活動の拠点となり、全国から訪れる支援者や報道関係者でごった返し、新聞、雑誌からの原稿注文やテレビ出演、講演、会議、集会など多忙な日々が続いた。また「水俣病対策市民会議」（代表、日吉フミ子）、「水俣病訴訟支援・公害をなくする県民の会」（同、福田令寿）などの支援団体も次々に結成され、運動は活発化した。水俣病訴訟の支援運動の主力は裁判費用の捻出だった。石牟礼の著書『水俣病闘争　わが死民』（一九七二年四月刊）の出版も、チッソ本社で患者代表が社長と交渉するための運動資金稼ぎのためだった。

一九七〇年一一月二八日、患者たちは水俣病の加害責任を認めないチッソの責任を問うため、大阪厚生年金会館で開かれた株主総会に詰めかけ、石牟礼も一株株主になって出席した。一行は菅笠に白木綿の手甲、「水俣病患者巡礼団」と書いた白い襷がけという異様ないでたち。石牟礼は患者たちや「水俣病を告発する会」の会員たちに同行し、この抗議運動のリーダー的な存在だった。会館二階中央に陣取った患者たちは、この日のために稽古を重ねてきた御詠歌を斉唱した。会場は静まり返った。御詠歌が終わると、患者や「告発する会」の会員たちが会社幹部の居並ぶ壇上に殺到、両親を水俣病で亡くした浜元フミヨが両親の位牌をチッソ社長に示し、「どういう死に方じゃったと思うか。親が欲しい子どもの気持がわかりますか」と怒りで全身をふるわせながら迫った。

新日本窒素肥料（一九六五年にチッソと改称）水俣工場に勤めていた父・川本嘉藤太を一九六五年四月に急性劇症型の水俣病で失い、自らも一九五五年から水俣病の症状が出ていた息子の川本輝夫（一九三一～一九九九年）は、『水俣病闘争　わが死民』を読み、深い理解と温情に胸を打たれ、感涙にむせんだ。川本は一九六八年、熊本県に対し水俣病の認定申請を行って二回棄却されていた。この本を何度も読み直し、人間復権の闘いに全力を挙げる決意を新たにした。そして水俣病では死亡患者や重症患者も含めて未認定患者が多くいることに着目、未認定患者救済運動に積極的に推進する決意を固めた。

川本は熊本県から認定申請を棄却された八人とともに行政不服審査請求を行った。七一年八月七日、川本は大石武一環境庁長官の棄却処分取消し裁決により、未認定だった患者一六人の認定を勝ち取った。彼はこの環境庁裁決から四日のちの一一日、チッソとの自主交渉闘争を始めた。患者側は一一月一日の第三回補償交渉で、チッソに対し「一律三〇〇〇万円の補償をせよ」と要求したが、チッソ側は拒否し交渉が決裂した。

川本はチッソ本社を舞台に自主交渉を進めようと決心、石牟礼は一緒に闘うことを約束した。一二月六日、川本と新認定基準で水俣病に認定された患者代表六人、石牟礼、支援の「水俣病を告発する会」のメンバーら約二〇〇人は、東京・丸の内のチッソ本社を訪れ、チッソに責任の明確化と水俣病患者に対する具体的な補償額の回答を求め、役員室側の廊下に座り込みを続けた。一〇日午後、警視庁機動隊が出動、支援者を屋外に強制排除した。チッソ本社前には東京の大学生たちの手で座り込み用のテントが設営され、その一部が患者とその家族用に確保されていた。支援学生などは川本らの交渉を支援した。

石牟礼は一年八か月に及んだこの自主交渉に関わり、患者たちと東京で過ごした。一人息子の道生がこの座り込み闘争に参加したこともある。ある日、チッソ本社内で闘争に携わっている石牟礼に対し、チッソ社員が「お前が張本人だろう」と

補償交渉を求めて、チッソ東京本社の役員室廊下に座り込む川本輝夫と石牟礼道子（手前）。（提供・毎日新聞社）

面罵した。石牟礼のことをよく知る渡辺京二は傍でこの暴言を聞き、内心「そうだ、その通り」と思ったという。石牟礼らは島田賢一社長ら同社幹部との自主交渉を粘り強く続けた。石牟礼はこの運動で無理をしたため白内障が悪化、手術を受けたが、左眼は失明状態になった。また急性肺炎を起こして病院にかつぎこまれたこともある。夫の弘や家族は石牟礼の行動をよく理解し、支え続けた。

一九七三年三月二〇日、熊本水俣病訴訟（熊本地裁）の原告側勝訴判決が確定した。この勝訴判決では、チッソが水俣病の患者に対し、症状のランクにより一六〇〇万円から一八〇〇万円を支払うよう命じた。自主交渉は四月八日、水俣市で患者総会を開き、判決で認定された補償額を了承、チッソとの交渉で解決する方針を決めた。七月九日、患者側とチッソの補償協定書が三木武夫環境庁長官の立ち合いで調印され、一年八か月にわたった患者側とチッソの補償交渉は終結した。チッソ本社前のテントは七月一二日、撤去された。

公害反対運動と作家活動を両立させる

石牟礼は運動に時間とエネルギーを注ぐかたわら、執筆活動を続けた。一九七〇年には井上光晴の主宰する『辺境』に『苦海浄土・第二部　神々の村』を連載、翌七二年には『展望』に、川本らの闘いを描いた『苦海浄土・第三部　天の魚』を連載した。二〇一六年八月には、第一部から第三部までを一冊（一一四四頁）にまとめた『苦海浄土』が藤原書店から刊行された。

『苦海浄土』は第一部の刊行から全三部をまとめて完結するまで、実に四七年かけて書かれたことになる。

石牟礼は一九七三年一月の熊本水俣病第一次訴訟裁判勝訴のあと、長編自伝小説『椿の海の記』（一九七六年）を熊本市薬園町の仕事場で書いた。この年、彼女はアジアのノーベル賞といわれるマグサイサイ賞を受賞した。親鸞の和讃に深く心魅かれる石牟礼は、一九七八年には熊本市健軍にある真宗寺わきの借家に仕事場を移し、『花を奉る』を書いた。また、古老数人による近代草創期の聞き語り記録『西南役伝説』（一九八〇年）、自伝小説『あやとりの記』（一九八三年）、祖父と祖母をモデルにした『十六夜橋』（一九九二年。紫式部文学賞受賞）、長篇小説『天湖』（一九九四年）、生まれ故郷の史実、島原・天草の乱を主題とする『春の城』（二〇一七年。初めての新聞連載小説）など四〇を超える著作を著した。

二〇〇一年、石牟礼は新作能「不知火」（二〇〇二年、朝日賞を受賞）を書き、大きな反響を得た。石牟礼はなぜ能を制作したのか。二〇〇二年五月三一日、熊本市国際交流会館での新作能「不知火」の制作発表に先立つ記者会見の席上、石牟礼は制作の動機について、こう言った。

「貝が死滅して魚が激減したと漁師さんが言われます。人間もじわじわ絶滅しつつあるのではないか。人間でないものたちを登場させて、今の世をながめてもらい、今の世を人間でないものたちに語ってもらいたい。そんな気持になりました」

新作能「不知火」は二〇〇二年七月一四日、室生能楽堂で初演。追加公演を国立能楽堂（七月一八日、翌〇三年一〇月二八日、熊本市で上演。そしてついに、二〇〇四年八月二八日、水俣湾の原因物質の水銀ヘドロを埋め立てた地で野外上演された。東京や熊本で上演を重ねるうち、この作品が広く知られ、当日は一三〇〇人もの観客が会場を埋めた。

二〇一五年八月一二日、石牟礼は夫弘に宛てて次のような手紙を書き、見舞に行く息子の道生に託した。翌一三日、道生はその手紙を弘に手渡した。

「めったに病気をしない弘さんが入院するとは一大事だと思っています。ところが私自身が一〇年くらい前に、パーキンソン病という一大難病にかかってしまい、仕事場にしていた熊本大学の山本哲郎ご夫妻の病院の一室で倒れて、左の足の大腿骨と腰の骨を折り、このときは気絶して別の病院に山本医師がはこんでくださったのですが、記憶しておりません。（中略）

私の書いたものは池澤夏樹さんの手によって、日本人でただ一人、『苦海浄土』が世界文学全集に入れられ、藤原書店から全集一七巻が出されました。これもみな、弘先生が生活費を出してくださったからだと、感謝しております。普通の嫁さんとは違う生き方をしてきて、世間様には不可解な変わった女房だったと思っています。その上、あなたの重大時期にかけつけられぬ体になってしまいました。一日に二度ほど発作がおきて、息がつまりものもいえなくなる」（米本浩二著『評伝　石牟礼道子　渚に立つひと』）

一九日、弘の容態が急変、石牟礼は介護と秘書を引き受けていた米満公美子の車で水俣市の施設に向かった。石牟礼がベッドの弘の手を握ると、弘は手を握り返したが、返事はできない。石牟礼は涙をこぼしながら「普通の嫁になれなくて、ごめんね」と言った。医師は苦痛から救うため、弘にモルヒネに準ずる薬を投与した。翌二〇日、弘が亡くなった。この日の石牟礼の日記には、弘のことを「思えば心の美しい人だった。この人の無私の志に支えられて、創作活動というか、思想史を確立して来たのだと気づく」と書かれた（前掲書）。

二〇一八年二月一日、石牟礼の生涯と文学を描いた毎日新聞記者米本浩二の著書『評伝　石牟礼道子　渚に立つひと』（新潮社）が読売文学賞評論・伝記賞を受賞した。石牟礼の『苦海浄土』を、自ら編集した全一七巻の『世界文学全集』に、日本の全文学作品の中から、唯一選んで収録した作家・詩人の池澤夏樹はこの評伝巻末の解説で、石牟礼が初期の水俣病反対運動をリードしながら、優れた文学作品を次々と世に出したことを次のように評価している。

米本浩二著『評伝　石牟礼道子　渚に立つひと』（新潮文庫）。

「この巨大な悪（水俣病）に対して石牟礼道子は総力を挙げて戦った。リソースは彼女の行動力であり、人間的魅力であり、文学者としての奔放な想像力であった。詩人としての造詣力が力を発揮した。（中略）石牟礼道子は患者たちの惨状について報告するだけでなく、抗議行動に同行して見聞を綴るだけでなく、実は率先して運動を率いている。やむにやまれずジャンヌ・ダルクの役を引き受けている」

石牟礼は激甚な健康被害をもたらした水銀中毒、水俣病事件に被害者サイドから取り組みながら、『苦海浄土』（三部作）という優れた文学作品を著した。石牟礼の創造した文学作品には、これまでの日本近代文学になかった独特の構造と味わいがあり、「脱近代の知の創出」と評する者もいる。石牟礼道子は文学と公害反対運動を見事に両立させ、そのいずれの面でも大きな足跡を残した。

3　水俣病の原因究明に職を賭した細川一医師

ネコ実験により水俣病の原因を究明

一九五六年四月二一日、水俣市月ノ浦の船大工、田中義光の三女静子（五歳）、二三日にはその妹実子（二歳）が新日本窒素（チッソの前身）水俣工場附属病院に連れてこられた。小児科医長の野田兼喜が二人を入院させた後、「どうも少し、おかしい」と思い、院長の細川一《ほそかわはじめ》に診てもらった。細川が二人を診察すると、静子は手足の運動障害や狂躁など、実子は歩行困難、発語障害、膝や手の指の痛みなどの症状。細川は二人の症状がこの二年間に自分が診察した二人の患者の症状とそっくり同じであることを知り、この病気が今、水俣で多発している「奇病」に違いないと直感した。

チッソ水俣工場附属病院長細川一博士。（提供・水俣病資料館）

静子と実子に付き添っている母親に話を聞くと、隣の江郷下家でもよく似た女の子がいるという。調べてみると、五歳の女の子のほか、八歳と一一歳の男の子、その母親が運動障害や言語障害などを併せ持っていた。細川は附属病

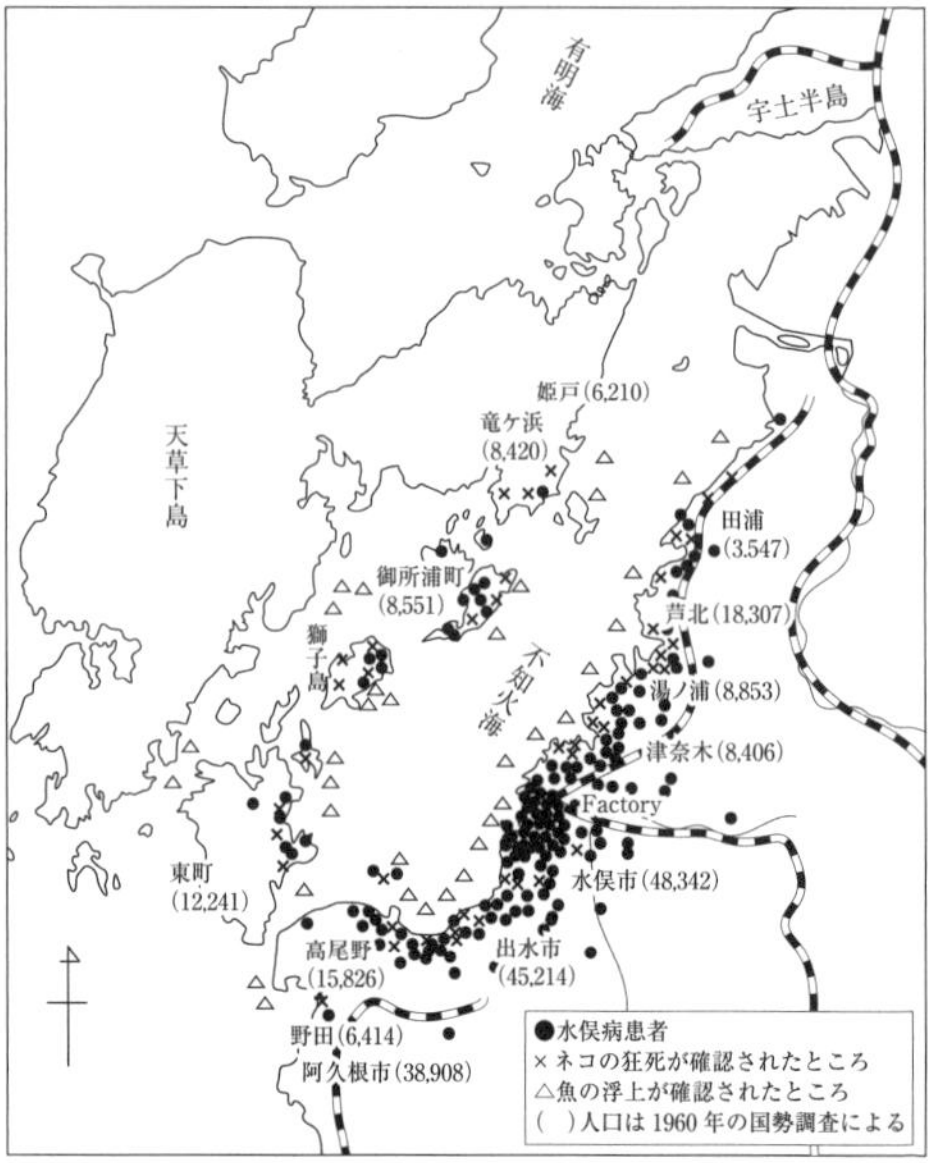

不知火海周辺の水俣病患者発生地域。原田正純『ライブラリー環境問題　環境と人体』(世界書院)を元に作成。

院の五人の医師を動員、水俣湾沿いの漁民集落を巡回して聞き込み調査と診察を実施、多数の患者を見つけた。

五月一日、野田は細川と相談のうえ、発見した原因不明の中枢神経性疾患を水俣保健所に届け出た。これが水俣病発生の公式確認である。二八日、水俣市は奇病対策委員会を設置、患者八人を隔離病舎に収容した。

水銀中毒の症状は人間よりネコの方が早期に現れた。一九五三年から五四年にかけて茂道、出月、月ノ浦、明神、湯堂などの漁民集落で、飼育していたネコがいつの間にか姿を消したり、突然キリキリ舞いをして壁や障子に激突したりした。勢いよく走っているうち、海岸から海に飛び込むネコもいた。細川は奇病患者を診察した経験から、ネコの異常行動と奇病患者の症状に類似性があることにすぐ気づいた。チッソの医師である自分には、会社が有毒物質を出しているか、出していないかを調べる責任があると考え、動物実験を行って研究することにした。

細川は自社の水俣工場からの排水中に、奇病の発生原因となる有毒物質が含まれていないかをネコ実験によって明らかにしようと考えた。まず、籠に入れた佐賀県の海から獲ったカタクチイワシを水俣湾の海底に沈めて約二か月間飼育、それをネコに与えて様子を見た。すると、ネコは確実に発病した。次に、水俣工場アセトアルデヒド生産工程から出る精留塔廃液を手に入れ、その廃液を実験四〇〇番目のネコ（名称は「ネコ四〇〇号」）に、一日二〇〇ccほどずつご飯にかけて食わせ続けた。観察を続けていると、一九五六年一〇月七日、このネコが突然けいれん発作を起こし、よだれを垂らしてグルグルと実験室内を走り回った。視野狭窄のためか、壁に勢いよくぶつかる。運動失調と手足の震えなど急性劇症型水銀中毒の典型的な症状がはっきりと現れていた。

二四日、細川が衰弱した「ネコ四〇〇号」を屠殺・解剖すると、ネコは確実に発症していることが確かめられた。細川は熊本医学会で「ネコの異常な行動は水俣病との関連性が疑われる」と発表した。

工場技術部がネコ実験をやめさせ、細川が附属病院長を辞職

細川は解剖に先立ち、この実験結果を水俣工場技術部市川正次長に報告した。一九五六年一〇月一〇日頃のことである。市川はショックを受け、困惑した様子だったという。他の水俣工

場幹部も細川のネコ実験の成功に慌てた。一一月三〇日、工場の研究班会議（工場技術部研究班と付属病院研究班の会合）では「実験はあくまでも魚介類を通して行うべきだ」、「一例だけのネコ実験では断定できない」などと、細川のネコ実験を批判、技術部側は細川のネコ四〇〇号実験をやめさせることを決めた。

細川はその時、ネコ実験を続けるべきか否か悩んだ。チッソ水俣工場が水俣湾に廃水を直接放流し、水俣病の原因が水俣湾産の魚介類を通じて人体内に取り込まれる有害化学物質であることは、この頃までに熊本大学医学部「水俣病研究班」の研究の結果、明らかになっていた。残された課題は有害物質が何かを特定し、病気発症のメカニズムを究明することである。実験に使ったネコは一匹だったから、もっと数を増やして実験を繰り返す必要があった。細川は「自分はチッソに勤務する身。自分が研究を進めた結果、会社にとって不利な結果が出ることは十分あり得る。どうすべきか」と悩んだ。

当時、水俣病の公式発見からわずか八か月間に確認された患者は五四人を数え、うち一四人が死亡していた。細川は思い悩んだ末、チッソ水俣工場の排水が原因でないことを科学的に証明しない限り、やはり会社は「黒」となると考えた。それならば、やはり自分が工場排水の分析・研究をさらに進め、工場が「白」か「黒」かを早く明らかにする必要があるとの結論に到達した。

考えが決まると、細川は工場技術部幹部に会い、「今後ネコ実験をさらに続けたい」と主張した。技術部側は細川の要望を聞き入れなかった。そこで今度は水俣工場長西田栄一に対して同じ要望を伝え、「研究を進めることが許されないのであれば、辞職します」と迫った。西田は三日間に及ぶ細川の熱心な訴えに根負けして実験の継続を認め、細川は新しいネコ実験を始めた。

しかし細川が次の実験のために工場排水の採取に行くと、工場の担当者が採取を認めなかった。社長は実験継続を認めたものの、現場が拒んだのである。これは工場としての実験の否定に他ならない。細川は一九五八年四月、やむを得ず、附属病院内科医長を退任、嘱託となり、一九六〇年八月二七日、事実上禁止されていたアセトアルデヒド排水を直接ネコに与える実験を再開した。翌年、九例のネコ全部が発症した。

一九六二年一月、細川が水俣工場のアセトアルデヒド生産工程の蒸留排水中のメチル水銀に汚染された魚介類をネコに食わせたところ、水俣病の症状が現れた。これにより、アセトアルデヒド生産工程から出るメチル水銀（有機水銀）が水俣病の原因であることが究明された。

細川は、このネコ実験の結果を報告書にまとめ、工場技術部に提出した。工場側は細川に対し実験結果を公表しないよう説得、細川はこれに従った。同年四月三〇日、細川は嘱託として勤めていたチッソを退職、郷里の愛媛県大洲市に移り住んだ。

水俣病患者の発生拡大を抑える施策はすべて失敗

一九五六年一一月、熊本大学医学部水俣病研究班は第一回報告会で「水俣病の原因はある種の重金属中毒。汚染源として新日本窒素の工場排水が最も疑われる」と発表した。そして二月二六日の第二回報告会では水俣病患者の増加をどう食い止めるかの方策について協議し、その結果、「抜本策は水俣湾内の漁獲禁止措置をとることである」と結論した。

熊本県は水俣病研究班の結論を有力な拠りどころとして、新たな患者の発生を防止するためには漁獲禁止がぜひとも必要であると判断、三月、「水俣病対策連絡協議会」を設置、漁獲禁止措置を検討した。厚生省食品衛生課は一九四九年三月、浜名湖でアサリ、カキにより九三人が食中毒になり、うち七人が死亡した事件で、静岡県が食品衛生法四条二号に基づき、県知事名で貝類採取の一時禁止および貝類販売・授受、移動の一時停止措置を取った前例があるとして、熊本県にも調査してみるよう促した。同県は早速、七月二四日、水俣湾産の魚介類採取と販売を禁止する方針を決定した。ところがこの食品衛生法の適用が、熊本県水俣病対策連絡協議会の主宰者である水上長吉・熊本県副知事（元内務省の警察官僚）の強引な反対により、実施を阻止された。

一九五九年は、水俣病のその後に大きな影響を与える出来事が相次いだ。まず同年七月、熊本大学水俣病研究班が水俣病の原因を水俣工場から排出される有機水銀であると発表すると、新日本窒素は「当社から出ているのは無機水銀、水俣病の原因物質は有機水銀である。無機水銀がどのように有機水銀に変わるのかが解明されない限り、水俣工場が水俣病の発生源とは言えない」と言い、これを水銀廃水の放流を止めない口実にした。

また、同年一一月一二日、食品衛生調査会（厚生大臣の諮問機関）が厚相に対し、「水俣病は水俣湾およびその周辺に生息する魚介類を大量に摂取することによって起こる、主として中枢神経系統の障害による中毒性患であり、その主因をなすものはある種の有機水銀化合物である」という趣旨の答申を行なった。翌一三日、渡邊良夫厚相が閣議で答申について報告すると、池田勇人通産相は即座に「有機水銀が新日本窒素水俣工場から流出したという結論は早計。慎重な調査を要望する」と発言、厚相への答申内容を否定した。

当時、池田は日本経済の高度成長政策を推進する立役者。彼は水銀廃水を放流している化学産業の大手、新日本窒素水俣工場のアセトアルデヒド生産を止めれば、高度成長政策にとってマイナスになると判断、新日本窒素が水俣病の原因物質である有機水銀を放流しているという趣旨である厚相の諮問委員会答申を一蹴したのであった。高度成長政策の立役者のこの処置に、反論する者はいなかった。結果、水俣病患者はその後九年間、増加の一途をたどった。細川一博士のネコ四〇〇号実験の成功も、熊本大学水俣病研究班の心血を注いだ原因究明作業も、何ら役立てられなかった。

工場側がまたも実験結果を公表しないよう細川を説得

一九六五年五月三一日、新潟で水俣病（第二水俣病）が発生すると、細川は七月一四日、東大工学部助手宇井純と一緒に現地の阿賀野川の沿岸地域におもむき、水俣での経験を活かして患者を診察した。その結果、細川はこの患者たちが水俣病に間違いないことを確認した。細川はそのあと、宇井と二人で阿賀野川上流の昭和電工鹿瀬工場近くに行き、この工場が汚染源、すなわち新潟水俣病の発生源として最も疑わしいと判断した。この時、自分が一連のネコ実験により究明した水俣病の原因を、工場側の反対を押し切って公表していれば、新潟水俣病の発生を防ぐことができたかもしれないと考え、後悔したと語っている。

帰途、細川は東京のチッソ本社に立ち寄って経営幹部に会い、自分が水俣で行ったネコ実験結果の公表を訴えた。細川が新潟水俣病の現地調査に行ったことを知ったチッソの経営幹部は、すぐ昭和電工に電話し、そのことを伝えた。それを聞いた昭和電工総務部長は細川の元を数回にわたって訪れ、阿賀野川沿岸地域で調査した結果を聞き出そうとした。

水俣病の原因について、チッソは「触媒として使うのは無機水銀なのに、魚介類を汚染しているのは有機水銀（メチル水銀）。このことが究明されなければ水俣病の責任を認めることはできない」と言っていた。しかし熊本大学医学部水俣病研究班の入鹿山且郎教授は一九六三年二月、水俣工場アセトアルデヒド・酢酸製造設備のスラッジから有機水銀を検出、工場の装置の中で自然に有機水銀（メチル水銀）に変化してしまうことを明らかにした。この研究により、水俣病の原因究明作業は完了した。チッソの工場排水が水俣病の原因であり、その責任はチッソにあるという基本的な事柄は、入鹿山の研究の六年も前に細川が究明していた。

ところがチッソは、水俣病の原因がすべて究明されても、水銀廃水の放流を続けた。結局、チッソが水銀廃水の放流を止めたのは、政府が熊本と新潟の水俣病を公害病と認定した「政府見解」の発表の直前、一九六八年五月だった。細川がネコ四〇〇号実験によって、水俣病の原因がアセトアルデヒド・酢酸製造設備からの廃水であることを究明してから一一年、池田勇人通産相が食品調査会の答申を一蹴してから九年、入鹿山の研究結果の発表から五年もかかっている。この間、水俣病患者の発生が延々と続いた。

一九六九年六月一四日、二八家族一一二人の患者たちがチッソを相手取り、総額六億四二三九万円（後に追加で総額約一五億八八〇〇万円）の慰謝料を求めて熊本地裁に提訴した。この裁判で、チッソは工場排水中に有機水銀が含まれていることを知らなかったと主張した。原告側弁護団はチッソの主張を覆す決め手として細川のネコ実験に着目、一九七〇年二月、細川に「法廷で証言して欲しい」と電話で依頼した。細川は自ら証言する決心をして工場廃液をネコに投与した実験内容などを証言するための準備を始めた。

この頃、細川の身体は末期がんに侵されていた。五月、細川は東京の癌研付属病院に入院した。石牟礼道子は細川を癌研病院に見舞った。入院して間もない頃である。細川は自分のがんが、毎日どんどん大きくなっていく様子を石牟礼に説明した。そしてこう言った。

「私はね、ひとりでガンと、むきあおうと、おもいましてね。家内に知らせますと、かなしみますからね。最初隠しておりました。そしたら、ぼくの頭脳が、じつにきれいに冴《さ》えてきまして、あんなこと、ぼく、びっくりしましたねえ。（中略）しあわせでしたよ。よく勉強した。あなたの本もよく読めましたよ。／あなた、ほんとうに、つらいですねえーぼくはもう、助けてあげられません。かんじんのとき、皆さんのお役に立てなくて、ふがいないです。チッソはしかし、このままでは助からないなあ。ぼくは、ほんとうに、不思議でなりません。どうしてでしょうか。あんなにがんばって。罪がないなどと……早く、悔いあらためなければ……」

「原因究明は医師の天命」と証言

一九七〇年七月四日、細川は病院で熊本地裁の裁判長と弁護士による臨床尋問を受けた。細川は二時間の尋問の中で、ネコ四〇〇号実験について「ネコの発病に、私はびっくりしました。これは水俣病じゃあなかろうか。私が報告に行きました」と率直に証言した。チッソはネコ四〇〇号実験の結果、ネコに水銀中毒症、すなわち水俣病が発生することを知っていたかどうかを問われると、細川はそれをはっきり認めた。細川のこの一言が、「チッソは有機水銀が水俣病を引き起こすことを知っていながら有機水銀を放出し続けた」という事実の立証になった。この臨床尋問から三か月後の一〇月一三日、細川は六九歳の生涯を閉じた。

細川は病の床で、①公害と人の健康・疾病との関係の明白な科学的追求には医師に大きな責任がある、②公害においては救済よりも防止の方がはるかに重要な仕事である――とメモを書き遺していた。この「細川メモ」には、「公害はその発生源を絶つことこそ肝要であり、発生源を絶つうえで自分たち医師が責任を果たさなければならない」という自らの考えが書かれている。ネコ実験による水俣病の原因究明は、細川がこの考えを実践したものである。細川は言行一致の人であった。

一九七三年三月二〇日、水俣病第一次訴訟の判決で、水俣地裁・斎藤次郎裁判長は「チッソはネコ四〇〇号実験の実験結果を公表せず、実験を中止させるなどして、原因究明を遅らせ、ひいては被害を増大させた」として、「チッソには水俣病の原因が有機水銀であることを認識していながら、工場排水を流していたという過失責任がある」と認定した。

細川は、医師としての使命は企業への忠誠に優先するという明確な価値観を持っていた。彼は臨床尋問で、裁判長から「あなたは、なぜ職を賭してまでネコ実験の継続を懸命に求めたのですか」と問われた際、こう証言した。

「私は会社の人間である前に医者なんです。会社に忠実である前に医者としての天命があります。そのために原因究明に力を尽くすことは、私の天命です。そして、工場が白か黒かを見極めるのは、会社の医師としての責任だと考えました」

臨床尋問におけるこの細川証言は、一九七三年三月の水俣病訴訟の勝訴判決の一因となった。細川はチッソ水俣工場附属病院の院長であったが、人命を尊重すべき医師としての使命感から、水俣病の原因究明を続けた。これに対し巨大化学企業チッソは、企業利益のために細川のネコ実験の結果を隠蔽し実験の継続を拒んだ。このため細川は退職したが、退職後もネコ実験結果の公表を会社に訴え続けた。

日本の激甚な公害の典型である水俣病が増加の一途をたどっていた一九五〇年代後半、患者の発生に一切構わず、自社の利益を追い求めた巨大化学メーカーの社内にあって、細川一は医師としての使命感を大切にし、職を賭してまで水俣病の原因を究明しようと奮闘努力した。細川の誠実な生き方と自己中心的なチッソの行動とのコントラストが、浮き彫りになった。

第4章

核兵器

1　被爆した放射線医師永井隆の献身的医療

広島・長崎への原爆投下による死者は七五年間に五〇万人

一九四五年八月六日午前八時一五分、ウラン爆弾「リトルボーイ」を積んだB-29「エノラゲイ号」は、かねて投下目標地点と決められていた広島市中心部、太田川に架かる相生橋上空に接近し、高度九六〇〇メートルからTNT二万トンに相当するウラン爆弾「リトルボーイ」を投下した。熱線と爆風はわずか数秒間に約八万人の命を奪い、一九四五年一二月末までの死者は約一四万人。爆心地から五キロメートル以内で放射線を大量に浴びた被爆者は、急性放射能症や白血病を発症した。

九日朝、米軍は第一目標を福岡県小倉市（現北九州市小倉区）、第二目標を長崎市と定め、まず小倉市上空にした到達した。「ボックスカー」の操縦士スウィニー少佐は、目視による投下目標の確認ができなかったため小倉への原爆投下を諦め、長崎市中心部に向かった。午前一一時二分、スウィニー少佐が長崎上空で投下したプルトニウム型原爆「ファットマン」は一瞬のうちに長崎市の六割を破壊し、この年の一二月末までの死者は七万三八八四人にのぼった。

核兵器は瞬時に大量死をもたらす残忍性と、被爆者を放射線障害により全生涯にわたって苦しめる残忍性の二つを併せ持つ。広島と長崎に落とされた二発の原爆の炸裂による熱線、爆風、放射線のために一九四五年に死亡した人は約二一万四〇〇〇人だが、放射性障害のために七五年間に死亡した人は三〇万人を超えている。広島、長崎の二発の原爆は被爆直後の死亡と原爆症による死亡を合わせると、実に五一万人以上を死に追いやったことになる。

永井隆・長崎医大助教授の被爆

長崎に落とされた原爆により、浦上天主堂の南に位置する長崎医科大学（一九四九年、長崎大学医学部となる）も壊滅的被害を受け、教職員、学生など約八九〇人の人命が失われた。爆心地からわずか数百メートルしか離れていないため、被害が大きかった。

物理的療法科助教授・医師永井隆《ながいたかし》博士は、長崎医大附属病院本館二階の診察室にて被爆した。彼は原爆の炸裂により、閃光、爆風、衝撃波、耳をつんざく轟音に襲われ、瓦礫の中から辛うじて這い出したが、手首の動脈を切るという重傷を負ったうえ、急性原子病に罹患した。

被爆後、永井が独力で瓦礫から脱出してレントゲン撮影室に姿を現したところへ、施教授や看護婦長、看護婦の一団が駆けつけた。みんな「よかった、よかった」と口々に叫んで永井に抱きついた。施教授と婦長がレントゲン撮影室で永井の傷に薬をつけ、ガーゼを押しこんで圧迫止血をし、その上から三角巾でぎりぎりと締めつけた。

しかし医学部の学生が何人も見当たらない。彼らを探し出すために全員が各部屋へ散らばっ

永井隆博士。（提供・永井隆記念館）

て行った。レントゲン治療室の機器の間からは、鮮血にまみれた重傷の医学生、梅津が救い出された。婦長がヨードチンキを塗りガーゼを当て三角巾を巻いた。

やがて永井のもとには、たくさんの外来被爆者がやって来た。「先生、助けてください」と泣く者も「薬をつけてください」、「傷を診てください」といる。室内やあたりの廊下はおびただしい数の被爆者が倒れている。被爆者たちは一様に着物を剥ぎとられ、皮膚に火傷を負っている。「お母さん、お母さん」と泣き回る女の子、子どもの名を呼びつづけてのたうちまわる母親。既に死んで動かぬ人もいて、この世のものとは思われない、異様な光景が広がっていた。

永井は被爆者の応急手当てを始めたが、自身の手首の動脈から血が噴き出るのでその傷口を押さえながらとなり、仕事がひどくやりにくい。そのうえ、患者の傷口の手当てに使う三角巾や繃帯を使い果たし、シャツを切り裂いては傷に巻いていった。一〇人、二〇人と処置していったが、新しい患者が後から後からひっきりなしに「助けてください」と訴えながら現れる。

行方が分からなくなった友を探しに行った医学生の橋本と椿山が帰ってきた。二人の話では、友人が見つからないという。病院の中央は大火事だし、運動場へ行く途中は倒れた木と火と死骸で通れないと報告した。山下、井上、浜、大柳、吉田の五人の看護婦も見当たらない。

既に原爆投下後二〇分。浦上一帯は火の海と化していた。長崎医大附属病院も中央から燃え広がり、火の見えないのは東側のみ。窓から火の粉が吹きこんでくる。生き残った者も強力な放射線に貫かれ、着物は剥ぎとられて素裸のまま、下の町から炎を逃れてよろめきつつ附属病院のある丘へ登ってくる。

永井は燃える病棟の中から、収容されている患者を屋外に担ぎ出すことにした。病院の職員や看護婦、医学生など約二〇人が、永井の指揮により二人ずつ組みになって、患者の移動に着手した。同時に病院や研究棟で行方の分からない看護婦や医学生などを探し出す作業も続けた。二人組は部屋に倒れている患者を次から次へと救い出し、とりあえず、玄関横のコークス置き場に並べた。

医学生の友清が白衣からズボン、脚絆まですっかり血で染まった学長角尾教授を背負って来た。学長は「ああ、永井君、ご苦労だね」と言った。学長は外来患者の診察中にやられたのだった。永井は医学生の友清に丘を二〇〇メートルほど登った所で休んでもらうようにと指示した。

黒い、大粒の雨が降るなか、午前四時までに大学病院のすべての患者を丘の畑に誘導し、並べて寝かせた。やがて大学の建物が完全に火に包まれた。十数年がかりで苦心して集めた学術標本、再び手に入れられぬ貴重な症例写真、放射線医学関係の資料やノート、図版などを全て焼失した。それらは患者の救出に時間を取られ、運び出すことができなかったのだ。永井が「おしまいだ」とつぶやくと、傍にいた婦長をはじめ看護婦たちが、しくしく泣き出した。

永井ら放射線科のメンバーは、うちそろって角尾学長の寝ている丘の上の畑へ行った。角尾は芋畑の隅に外套をかぶり、丸くなって雨にぬれていた。永井が学長に報告を終え、二〇歩ばかり行くと、医学生の梅津が雨にぬれ寝ていたので、上衣をぬいでかけてやった。丘を一段降りたとき、永井は卒倒したが、調教授が駆けつけて処置し、回復した。

翌一〇日は快晴だった。患者たちが寝ている丘の上に行くと、医学生五人が亡くなっていた。このとき、婦長が走ってきて一枚の紙片を永井に手渡した。それは昨夜、敵機の撒いたビラだった。ビラには「米国は原子爆弾を発明し、日本本土に使用し始めた。一箇の原子爆弾の威力は巨大なB-29二〇〇〇機が一回に搭載し得る爆弾に匹敵する。日本がこの無益な戦争を中止しなければ、われわれは、この爆弾や優秀なる武器を使って戦争を終わらせるだろう」と書かれていた。

永井はそのチラシを読み、「やはり原爆だったのだ」と強い衝撃を受けた。彼はそのことを後に著書『長崎の鐘』にこう書いた。

「私の心はもう一度、昨日と同じ衝撃を受けた。なるほどそうだ。この威力は原子爆弾でなければならぬ。昨日からの観察の結果は、予想されていた原子爆弾の現象と一々符節を合わすものだ。(米国は)ついにこの困難な研究を完成したのであったか」

自らの白血病を押して患者の治療に献身

永井はもともと放射線医学の研究に熱を上げていた。治療を求めて殺到する被爆者を見ると、原爆症の研究意欲を駆り立てられた。自分が重い原爆症を抱えているにもかかわらず、被爆から僅か半日後、彼は新しい原爆症の治療方法の研究・開発に取り組み、原爆症患者のために役立ちたいという気持に取りつかれた。永井は湧き上がる研究意欲を次のように書いている。

「その（原爆投下に対する）絶望は半日も続かなかった。それは、まったく新しい希望を抱いたからであった。その新しい希望とは……目の前に現れた新しい病気、これまでどこにもなかった病気……原子爆弾症！　この新しい病気を研究しよう！　そう決めた時、それまで暗く圧しつぶされていた心は、明るい希望と勇気に満ちた。私の科学者魂は奮い立った。五体は精気を取り戻し、文字どおり立ち上がった」

永井は自身が重傷を負いながらも、原爆症患者の医療活動に従事し続けた。原爆投下の九日と翌一〇日は帰宅せず、二昼夜、医療に従事。一一日に学長代理として指揮をとっていた古屋野教授の許可を得て、長崎市上野町の自宅に帰った。だが自宅は焼失していて跡形もなかった。永井は焼けた台所跡から、妻・緑の遺骨と妻が身に付けていた黒焦げのロザリオを発見し、遺骨を埋葬した。永井は被爆直後の様子を後に著書『長崎の鐘』の中で、「地獄だ、地獄だ。うめき声一つ立てるものもなく、まったくの死後の世界である」と表現した。

息子の誠一と娘のカヤノが避難していた山の家に行くと、二人とも無事だった。子どもたちは、そのあと母親の死を知ることになる。永井はその時の痛々しい情景を抑制的な筆致で著書に次のように書いている。

「あの日、妻の骨を埋めた私は山の家へ避難中の子供をたずねて行ったのだった。板戸を開けて土間に入ったら、ちょうどそこに誠一とカヤノとがせみをつかまえて鳴かせていた。二人は血だらけの私をみて、後ずさりをした。それから、私の顔をじっと見つめていたが、急いで門の方に行って外をのぞいた。——しかし、そこには二人の待っていた次の人はいなかった。その時以来、この二人の子供は『お母さん』という言葉を口にしない……。カヤノは泣かぬ子になった。（中略）さみしくても、悲しくても、痛くても、恐ろしくても、ただくちびるをかみしめて、じっと堪える子になった」

子どもと永井の義母が疎開していた三山町木場（現在の西浦上）には、二五〇人ほどの被爆傷病者がいた。一二日、永井は三山町に被爆者救護所を開設する一方、一人も手当てをもらさぬように戸別訪問をして巡回医療を始めた。「永井医療隊」は、ここで五八日間も被爆傷病者治療・救護に従事、その傍ら「原子爆弾救護報告書」を執筆した。この報告書は原爆の爆発、被害状況、傷害者の症状、治療救護状況、治療例などを原稿用紙一〇〇枚にまとめたもので、一〇月一五日にレントゲン教室名で学長代理の古屋野博士に提出された。永井はこの報告書を骨子として、後に『長崎の鐘』を著した。

慢性骨髄性白血病の持病の上に被爆

永井は一九〇八年二月三日、島根県松江市の生まれ。父は医師で五人兄弟。永井は長男だった。松江高校を優等で卒業した永井は、長崎医科大学（現・長崎大学医学部）に入学した。一九三四年六月、永井は敬虔なキリシタン信者の家系の一人娘、緑と出会い結婚した。一九三七年、長崎医科大学の講師に就任。長女の郁子が生まれた。同年七月、日中戦争が勃発すると、軍医中尉として出征し、河北・河中・河南で戦闘に従軍した。永井は戦時中、結核の治療や放射線医学の治療などに無理な勤務を五年間も続けたこともあって、被爆前から慢性骨髄性白血病にかかっていた。戦時下の栄養不足と過労から結核患者が増加、レントゲンによる集団検診が励行され、永井は放射線室で実際に働いていた時間が毎日一〇時間に達していたのだ。

被爆の二か月前、一九四五年六月に永井が内科で受けた診察では、白血球の数が正常値の一五・四倍に当たる一〇万八〇〇〇と非常に高かった。診察に当たった内科学教授影浦博士は、永井の余命を三年と診断した。その日の夜、永井は信頼する妻の緑に「余命はあと三年」という衝撃的な診断を受けたことを話した。じっと話を聞いていた緑は高まる気持ちを抑えつつ、「生きるも死ぬるも天主様の御栄《みさかえ》のためにね」とポツリと言った。永井が次に二人の幼子の行く末について相談すると、「きっと子供たちも、あなたの御志をついでくれるでしょう」と答えた。この言葉を聞いて、永井は落ち着きを取り戻し、翌日から元気をふるい起こして働いた。

この診断から二か月後の八月九日、永井は被爆した。彼の白血病の症状は、被爆と被爆者救護活動時の放射能被曝によって、急激に悪化傾向をたどっていた。

九月初旬、永井は死期が近いと思ったらしく、辞世の句「光りつつ　秋空高く　消えにけり」を詠んだ。一〇日頃、永井は昏睡状態に陥った。九月二〇日には、傷口からの出血が止まらず、一時危篤状態に陥ったが、出血が奇跡的に止まり、回復した。しかし、三山救護所で被爆者を治療することは断念せざるを得なかった。永井はその後、病身をおして大村市で開かれた仮学舎の講義に汽車で往復二時間かけて通った。慢性骨髄性白血病をおしての通勤と講義は体調に悪影響を及ぼし、講義中に脂汗が出て息が切れた。永井は息をととのえるため、しばしば講義を中断、腰をおろして休んだ。

一九四六年一月二八日、永井は長崎医科大学教授に就任した。白血病の病勢は進行していて、夏に向かう頃には次第に体力がなくなっていった。七月末、永井はついに長崎駅近くで倒れ、病床に伏したが、それでも一一月一七日に病床を脱け出して長崎医学会に出席、「原子病と原子医学」をテーマに研究発表を行うなど研究に力を入れた。

教会と信者が二畳一間の庵を建てて永井に贈る

妻を原爆で失い、自らも闘病生活を送っている永井と子どもたちのために、浦上の人たちやカトリック教会が協力して旧住宅跡に焼け残った材木を集めて二畳一間の庵《いおり》づくりに取り組み、それが一九四八年三月、完成した。永井は庵を建ててくれた人々の温かい心を忘れず、自分も愛に生きようと、聖書にあるキリストの「己の如く人を愛せよ」という言葉から、この庵を「如己堂《にょこどう》」と名付け、二人の子どもと暮らした。如己堂は現在の「平和祈念像」近くの坂道の途中に今も建っている。

一九四九年九月三〇日、永井は長崎医科大学教授を退官した。永井の勤務した長崎医科大学の焼け跡は如己堂から見え、永井は退官後も朝夕、その方向に祈りをささげた。

寝たきりとなってから、永井は狭い布団の上に腹ばいになって、原爆の悲惨さ、浦上を焦土と化し、自らの持病である白血病を悪化させた原爆投下に対する怒りの気持ちを抱きながら、自伝など多数の本を書き続けた。こうして出版された著作は、『長崎の鐘』（一九四六年脱稿、四九年刊）、『この子を残して』（一九四八年刊、四九年に厚生大臣表彰）、『ロザリオの鎖』（同年刊）、『亡びぬものを』（同年刊）、『いとし子よ』（一九四九年刊）など一七冊を数えた。これらの著作は原爆症に罹患した人の体験に基づく証言記録であり、歴史的遺産とも言うべき貴重なものである。永井は一九五〇年に内閣総理大臣表彰を受賞した。

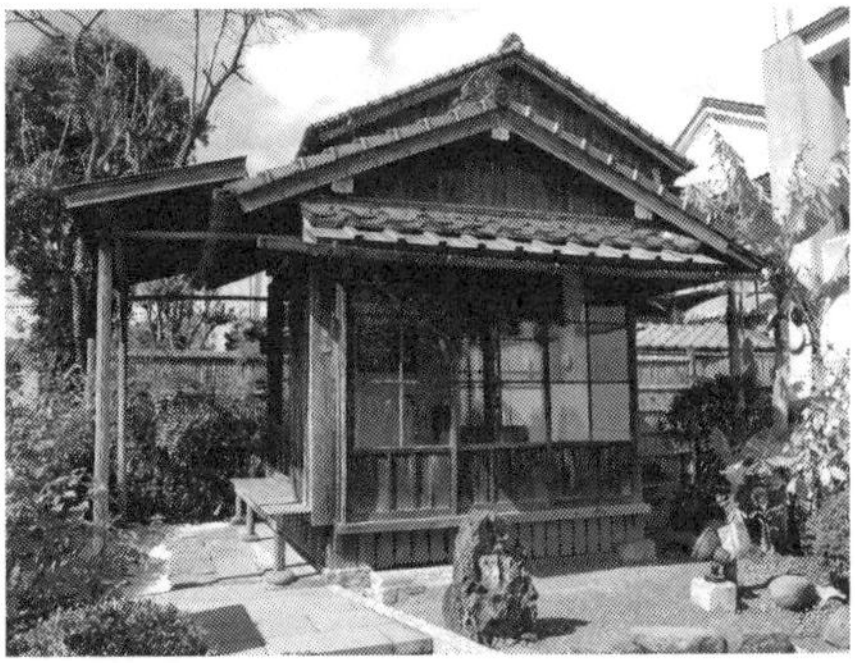

永井隆博士が子どもたちと死までの三年余の日々を過ごした如己堂。

永井は『いとし子よ』の中で日本国憲法についてふれ、

自分の子どもに戦争放棄の条項を守ってほしいと書いている。

「私たち日本国民は、憲法において戦争をしないことに決めた。（中略）憲法で決めるだけなら、どんなことでも決められる。憲法はその条文どおり実行しなければならぬから、日本人としてなかなか難しいところがあるのだ。どんなに難しくても、これは善い憲法だから、実行せねばならぬ。自分が実行するだけでなく、これを破ろうとする力を防がねばならぬ。

これこそ、戦争の惨禍に目覚めたほんとうの日本人の声なのだよ。しかし理屈はなんとでもつき、世論はどちらへでもなびくものである。日本をめぐる国際情勢次第では、日本人の中から、憲法を改めて戦争放棄の条項を削れ、と叫ぶ者が出ないともかぎらない。そしてその叫びが、いかにももっともらしい理屈をつけて、世論を日本再武装に引きつけるかもしれない。

そのときこそ、……誠一よ、カヤノよ、たとい最後の二人となっても、どんなののしりや暴力を受けても、きっぱりと『戦争絶対反対』を叫び続け、叫び通しておくれ！　たとい卑怯者とさげすまされ、裏切り者とたたかれても『戦争絶対反対』を守っておくれ！」

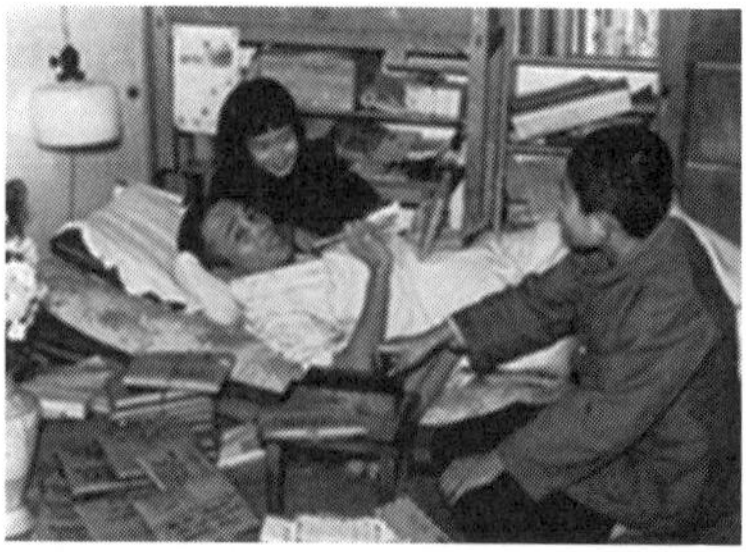
永井隆博士と二人の子ども。（提供・永井隆記念館）

「戦争と原爆使用をやめよ」と痛切な訴え

著書『長崎の鐘』は、国内外に初めて発表される被爆者の著書であった。この本のタイトルは、永井が学生時代から聞いていた浦上カトリック教会の被爆したアンゼラスの鐘に由来する。アンゼラスの鐘は二つあり、そのうちの一つが、一九四五年一二月にがれきの中から掘り起こされ、クリスマス・イブに鳴らされた。永井はその鐘の音を聞いて、著書のタイトルを『長崎の鐘』に決めた。

『長崎の鐘』は医学面からの被爆の記録であったが、出版は困難を極めた。連合国軍最高司令官総司令部（GHQ）が、原爆被害に関する本の出版を厳しく検閲していたからである。出版の許可まで二年余かかり、しかもGHQ側から条件が付けられた。条件とは、日本軍が一九四五年二月に起こしたマニラでの虐殺の記録集『マニラの悲劇』（一五九ページ）と『長崎の鐘』（一六〇ページ）を合本にすることだった。『マニラの悲劇』は、神父や軍人、市民などが虐殺について口述宣誓したものをGHQ諜報課が編集したものだった。こうして一九四九年一月、『長崎の鐘』が出版された。

七月、サトウハチロー作詞・古関裕而作曲の同名の歌謡曲が発売され、空前のヒットとなった。「なぐさめ　はげまし　長崎の　あゝ　長崎の鐘が鳴る」という歌詞は、永井の著述そのものである。

『長崎の鐘』は一九五〇年に松竹から、監督：大庭秀雄、脚本：新藤兼人・光畑碩郎・橋田壽賀子、主演：若原雅夫、共演：月丘夢路・津島恵子らで映画化された。しかし当時はGHQの占領下で、原爆を扱った劇映画第一号だったことから、検閲もあり、被爆状況を真正面から取り上げることはできなかった。

永井は著書『長崎の鐘』の最後で、戦争と原爆の使用をやめるよう、次のように強い調子で訴えている。

「人類よ、戦争を計画してくれるな。原子爆弾というものがあるが故に、戦争は人類の自殺行為にしかならないのだ。原子野に泣く浦上人は世界に向かって叫ぶ、戦争をやめよ。唯《ただ》愛の掟に従って相互に協商せよ。浦上人は灰の中に伏して神に祈る。希《ねが》わくばこの浦上をして世界最後の原子野たらしめ給えと。鐘はまだ鳴っている」

永井は被爆と被曝によって白血病が進行して体が弱っていたが、病の床にあって、心底戦争を憎み、平和を希求する考えに徹していたのである。『長崎の鐘』や『いとし子よ』の最後に書いた訴えは、無念の思いを抱きつつ他界した永井の、心の底からこみ上げる悲痛な叫びであろう。

一九五一年二月、永井の白血球数が三九万を超え、生命の危険な状態になる。永井は医学生に白血病の最終段階を見せて白血病の知識に役立てようと、五月一日に長崎大学付属病院に緊急入院した。永井はいったん失った意識を取り戻し、「イエズス、マリア、ヨゼフ、わが魂をみ手に任せ奉る」と祈ったあと、午後一〇時近く、息を引き取った。四三歳だった。遺言により遺体解剖が行なわれ、死因は白血病による心不全とされた。永井の脾臓は通常の三五倍、肝臓は五倍の大きさに膨れ上がっていた。

「余命三年」と言われた永井だが、その二倍近い年月を、人間愛に満ち、平和を希求してひたむきに生きた。一四日、浦上カトリック教会で行われた「長崎市公葬」には、市民約二万人が告別式に参加した。正午、浦上天主堂の鐘や全市の寺院、工場、船舶の汽笛が一斉に鳴り響き、市民は一分間の黙祷を捧げた。亡骸は国際外人墓地にて緑夫人と共に葬られた。

2　核廃絶運動一筋に生きた湯川秀樹

アインシュタインが米大統領に原爆開発を進言

一九三八年一二月一九日、カイザー・ヴィルヘルム化学研究所の化学者・物理学者オットー・ハーン（一八七九〜一九六八、ドイツ出身）が、シュトラスマンとウランの同位体の一つであるウラン238に高速中性子を照射する実験を繰り返していると、突然、ウラン原子核が細胞分裂のように真っ二つに割れる現象が発生した。この核分裂の発見を機に、世界の物理学者たちの関心は、原子核の分裂により発生する巨大なエネルギー、すなわち原子力を原子爆弾や原子力発電に利用する研究に向かった。

一九三九年三月、ナチス・ドイツがチェコスロバキアを占領し、四月末、チェコのウラン鉱山産の鉱石の輸出を禁止すると、米国に住むハンガリー出身の亡命ユダヤ系核物理学・分子生物学者レオ・シラード（一八九八〜一九六四年）は、それがナチス・ドイツの原子爆弾製造のためだと直感した。対戦国への核攻撃を阻止するためには、ノーベル賞を受賞した著名な理論物理学者アインシュタイン博士（一八八四〜一九五五年）に頼んで、フランクリン・ルーズベルト大統領（在任期間一九三三〜一九四五年）宛に米国の原子爆弾開発を進言する親書を送ってもらう以外にないと考えた。

当時、アインシュタインはナチスの迫害を逃れて米国に亡命し、プリンストン高等研究所で研究を続けていた。七月一六日、シラードがニュージャージー州のアインシュタインの別荘を訪れ、協力を求めると、アインシュタインはシラードの要望を快諾し、ルーズベルト大統領の信認の極めて厚いアレクサンダー・ザックス博士を通して大統領に親書を送った。

ルーズベルトはアインシュタインに「政府および陸海軍の中枢で会議を開き、あなたの提案を十分に研究します」との返書を送る一方、二一日にウラン諮問委員会を立ち上げ、一九四二年六月一七日、国を挙げて原爆製造の促進に取り組むことを正式に許可した。計画名は「マンハッタン計画」、原爆製造研究チームの主導者はロバート・オッペンハイマー（一九〇四～一九六七）と決まった。三年間の研究開発の後、一九四五年七月一六日、原爆実験がニューメキシコ州アラモゴードの砂漠で行われ、成功した。

一九四五年八月六日、テニアン島で原爆を積み込んだB‐29が広島へ、九日、長崎へ飛び立ち、原爆を投下した。

原爆投下の瞬間から、アインシュタインの自責と苦悩の日々が始まった。アインシュタインはルーズベルトに原爆開発を勧めたことを後悔し、自責の思いを後に次のように語った。

「私は生涯において、一つの重大な過ちを冒した。それはルーズベルト大統領宛に原子爆弾をつくるよう勧める手紙にサインしたことである。私がボタンを押したのです。原爆の開発に私たち科学者が協力したのは、人類の敵、ナチスが私たちより先に開発に成功するのを阻止するためでした。ドイツが成功する可能性があるという状況に悩みぬいた末、ルーズベルト大統領宛の手紙にサインするという苦渋の決断をしました。ドイツが原爆製造に成功しないとわかっていたら、私は指一本動かさなかった」

アインシュタインは何としても核兵器が世界大戦に使われないようにしなければならないとの一心から、それを可能にする具体的な手立てを考えた。戦後創設された国際連合では、大国が安全保障理事会で拒否権を持って対立し、平和を維持できる状況ではない。どうすればいいか。彼は、国際連合が戦争抑止力の低いことを痛感した世界の科学者・文化人たちが中心になって、より強力な世界連邦、すなわち一つの政府を実現する以外にないとの結論に達した。

一九四六年一〇月、アインシュタインはルクセンブルクで「世界連邦政府のための世界運動」を起こし、本部をジュネーブに置いた。この運動にはバートランド・ラッセル、アルベルト・シュヴァイツァー、ウィンストン・チャーチル、湯川秀樹などが賛同した。翌四七年八月、アインシュタインはスイスのモントルーで第一回世界大会を開き運動の組織や方針を定め、世界連邦政府の構想と、その実現方針について決議を採択し、世界連邦政府の理念に関する宣言を発した。この大会で、運動の国際連合体として「世界連邦主義者世界協会」（ＷＡＷＦ）が設けられ、その活動原則として①各国軍備の全廃、②核兵器は世界連邦政府のみが所有・管理する――を定めている。

進言を泣いて詫びたアインシュタイン

アインシュタインは一九四八年、世界連邦政府運動と並行して、核兵器廃絶のための行動を起こす決心をした。その決心を明かした相手は日本の核物理学者、湯川秀樹だった。湯川に会いたいというアインシュタインの意向を聞いたオッペンハイマーは、アインシュタインに会わせるために湯川を米国に招いた。オッペンハイマーもアインシュタインと同様にユダヤ人物理学者。二人はかねて、ユダヤ人を迫害するナチス・ドイツへの怒りを持ち、互いに強い絆で結ばれていた。

湯川がプリンストン高級研究所を訪ねると、アインシュタインは湯川の手を固く握り、大粒の涙を流しながらこう告白した。

「湯川博士、私はナチスが原爆を開発して戦争に使うことを心配しすぎてルーズベルト大統領に原爆開発を勧めた。その結果、開発された原爆はヒトラーのドイツとの戦争に使われず、対日戦争に使われ、多数の罪もない日本人を殺戮する結果となってしまった。まことに申し訳ない」

アインシュタインは湯川に日本式のお辞儀をしてお詫びの言葉を述べたあと、存在する核兵器の廃絶運動への協力を求めて、こう呼びかけた。

「核兵器の開発に歯止めをかけなければ、爆発威力のより大きい兵器をどんどんつくっていくでしょう。そうなれば人類の滅亡につながる恐れがある。そうならないように、今のうちに

アインシュタインと初めて会った湯川秀樹博士。湯川はアインシュタインから核廃絶運動への協力を求められた。1948 年、プリンストン高級研究所前で写す。（提供・毎日新聞社）

核兵器を廃絶する必要がある。核廃絶を実現するためには、世界が一つになること、つまり世界が一つの連邦国家になることしかない。私たち科学者は国境を越えて行動しなければならない。核兵器廃絶のために全力を挙げよう」

湯川はこの呼びかけに賛同、以後、科学者の核兵器廃絶運動の先頭に立つ。翌一九四九年一二月一〇日、湯川はノーベル物理学賞を受賞した。一五年前の一九三四年に書いた、中間子の存在を理論的に予言した論文「素粒子の相互作用について」が評価されたものである。

一九五三年八月一二日、アインシュタインや湯川らの願いをよそに、ソ連が原爆よりはるかに大きな威力をもつ水爆を開発、これを追って翌年三月一日、米国がビキニ環礁で水爆実験を行った。湯川は核兵器の問題を「少なくとも今後、相当期間にわたって、人類の解決すべき最大の問題であることは、もはや疑いを容れる余地のないほど明確になってきた」と同年三月三一日付『毎日新聞』に書いた。

「ラッセル・アインシュタイン宣言」を共同で発表

一九五五年に入り、七六歳のアインシュタインは動脈瘤の破裂で病の床に就いた。アインシュタインは科学者一一人の名で核兵器禁止を訴える宣言に署名することを遺言として呼び掛けていたが、残された力を振り絞るかのようにして四月一一日、「ラッセル・アインシュタイン宣言」に署名、その一週間後の一八日に息を引き取った。

核による人類の絶滅を恐れる英国の哲学者バートランド・ラッセルは、アインシュタイン死去の約三か月後の五五年七月九日、「ラッセル・アインシュタイン宣言」を湯川秀樹博士ら世界的に著名な九人の科学者とともにロンドンで発表した。

宣言は「ここに、正真正銘の、恐ろしくて、避けることのできない問題を提起する。人類を終わらせるか、人類が戦争を放棄するかだ。私たちは人類として、人類に向かって訴える。あなた方の人間性を心にとどめよ。もしそれが出来ないならばあなた方の前には全面的な死の危険性が横たわっている」と警告し、最後に「核兵器は人類の存続を脅かしている。私たちは世界の諸政府に、世界戦争によっては目的が達成されないことを自覚し、このことを公然と認めるよう勧告する。またあらゆる紛争を平和的に解決する手段を見出すよう勧告する」という言葉で結んでいる。

この宣言は、アインシュタインが米ソの水爆実験競争という世界情勢に対処するため、核戦争勃発防止と戦争の絶滅を人類に向けて発した遺言状とも言うべきものである。署名した九人の科学者の中には、アインシュタイン（物理学賞）を始め、ラッセル（文学賞）、フレデリック・ジョリオ＝キュリー（化学賞）、湯川秀樹（物理学賞）らノーベル賞受賞者が名を連ねている。

病をおして核廃絶運動を進めた湯川秀樹

核廃絶を悲願とするアインシュタインの強い遺志は、湯川秀樹、オッペンハイマー、フレデリック・ジョリオ＝キュリーらによって受け継がれた。彼らは「ラッセル・アインシュタイン宣言」を受けて一九五七年七月八日、カナダのノバスコシア州の漁村パグウォッシュで、「第一回科学と世界問題についての科学者会議」を開催した。これが科学者で構成する核兵器反対組織となり、第一回会議の開催地の地名を取って「パグウォッシュ会議」と名づけられた。

湯川は一九七五年八月二八日、京都国際会館で第二五回パグウォッシュ会議シンポジウムを主催することを決めた。ところが準備を進めている最中に二回も手術を受け、彼は床に伏せることとなった。湯川は開会演説の責任を果たそうと、安静を求められているなか、病院から車椅子で開会式に参加、演壇に立ち、力強い口調で要旨次のように開会演説を行った。

「核抑止という考え方こそが核軍縮を妨げている最大の障害である。この考え方こそが超大国の核の拡散を招いている。私は全面的な核軍縮とすべての国が軍備がなくとも安全を保障される世界的機構の確立が必要だと考えている。この点に関して、私はラッセル、アインシュタイン両博士の世界連邦のビジョンに賛同します。核兵器は人類の敵であり、これを地球上からなくすことがわれわれの最終目標である。シンポジウムで、具体的な提案を切望する」

一九八一年五月、米国の空母による日本核兵器持ち込みの事実が明らかになると、湯川は危機感を強め、NHKのテレビ番組の中で「核を廃絶し、軍備を無くすよう、私は以前から繰返し申しております。これは至極分かりやすい話なのでありますけれども、それにひとつも同調してくれへんというのは不思議議ですよ。皆の考え方の変わるのが遅いなあと思いますね」と語っている。確かに湯川の呼び掛けに各国政府が同調する動きは見られず、世界連邦建設運動も核廃絶運動も進展しなかった。一九八一年六月、湯川は最後の力を振り絞って、一五年ぶりに第四回科学者京都会議の発起人の一人となり、この会議を開催した。

この会議の開会式でも、湯川は各国が軍備を必要としない世界システムの樹立を目指そうと力強く呼びかけ、これが会議の声明に盛り込まれた。

病身の湯川はこの会議への出席で無理がたたったのか、過労で症状を悪化させ、急性肺炎から心不全を併発、三か月後の九月八日、七四年の生涯を閉じた。

湯川は、一九四八年、訪米して敬愛するアインシュタインに初めて会ったとき以来、三三年間にわたり、「核なき世界の実現」のために身を粉にして運動の発展に尽力してきた。核廃絶を懸命に訴えても、同調する動きが乏しかったことは湯川を苦しめた。晩年、湯川はスミ夫人に「こんなことでは、前途は必ずしも良くならないかもしれない。将来を考えたら、生きていても甲斐がないから、この際、いっそのこと死のうじゃないか」と話した。スミ夫人は、このことをＮＨＫ制作テレビ番組「ラストメッセージ　第２集　核なき世界を　湯川秀樹」（二〇一六年二月一四日再放送）の中で明かしている。

第5章

難民・人種差別・分断

1　ユダヤ人六千人をビザで救った外交官杉原千畝

外交官を目指して留学試験を受ける

杉原千畝《すぎはらちうね》は一九〇〇年一月一日、岐阜県武儀郡上有知町《こうずち》（現在の美濃市）に生まれた。父・好水《よしみ》は税務官吏で、転勤のたびに転居した。杉原は勉強熱心で成績も優秀。好水は杉原を医者にしたいと考えたが、杉原は英語教師になることが夢だった。父は独断で医科専門学校の受験手続をしたが、医者になるのが嫌だった杉原は試験で白紙答案を提出した。不合格の理由が発覚して父は激怒、杉原を勘当した。

杉原は英語で身を立てようと、一九一八年四月、早稲田大学高等師範部英語科（現・早稲田大学教育学部英語英文学科）の予科に入学した。杉原は早朝の牛乳配達のアルバイトを始めたが、仕送りがないため、生活苦にあえいでいた。そんなとき杉原は図書館で偶然、地方紙の新聞広告で外務省留学生試験のことを知った。受験することを決め、連日、大学の図書館にこもって受験勉強に専念した。

杉原は外務省留学生採用試験に合格、早稲田大学を中退して外務省ロシア語留学生としてハルビンに渡り、日本の在ハルビン日本大使館に出向き、生きたロシア語を身につけるため、ロシア人社会に溶け込みながら猛勉強を続けた。一九二四年、二四歳のとき、杉原は日本国総領事館の外務書記生として採用された。

満州国外交部で北満鉄道譲渡交渉

ロシア語の堪能な杉原に与えられた主要な任務は、ロシアの諜報であった。ハルビンは一九世紀にロシアと中国が共同経営という形で敷設した北清鉄道と満州鉄道の交差する交通の要衝。地の利を得て国際都市として発展し、日本、中国、ロシア三国の外交の最前線でもある。外交官になって二年経った一九二六年、杉原はソ連経済を調査・分析して作成した六〇〇ページの報告書『ソヴィエト連邦國民経済大観』を外務省より刊行した。この報告書の内容は評価され、外務省は各部署に配布した。諜報活動に、この大著の刊行が加わり、杉原は外務省随一のソ連通となった。

一九三一年九月一八日、日本の関東軍は中国東北地方(旧満州)の柳条湖で鉄道爆破事件を起こし、これを中国の仕業だと発表して瞬く間に東北地方の用地の大半を占領した。満州事変である。翌一九三二年三月一日、満州国がつくられると、ハルビン日本総領事館勤務の杉原が満洲国外交部に特派員公署事務官として起用された。

満州国外交部で杉原が担当したのは、満州北部を東西に横断する北満鉄道をソ連から買収する交渉である。当時はソ連と満州国が共同で北満鉄道を経営していたが、満州国とすれば、この鉄道の利権を外国から買収して経済的・軍事的な足かせを取り除きたかった。そこへ運よくソ連が、日本あるいは満州国に売却したいと申し入れてきたので、日満間の協議の結果、満州国が買い取る方向で交渉することとなった。

ソ連との譲渡交渉役に選ばれたのが、ロシア語に堪能でソ連通の杉原である。杉原は一九三三年、譲渡交渉を前に、ロシア系人脈を駆使して北満鉄道の内部事情を調べ上げた。その結果、北満鉄道は鉄道施設の老朽化が進んでいるうえ、鉄道の資産価値がソ連の主張よりもはるかに低いこと、多くの列車が密かにソ連領内に持ち出されていることをつかんだ。

譲渡交渉で日本側が提示した希望価格は五〇〇〇万円、現在の価値に換算すれば約三五〇億円。これに対しソ連の要求額は、当時の日本の国家予算の一割強に相当する六億二五〇〇万円、現在の価値に換算すると約四五〇〇億円で、両者の間には一二倍以上の差があった。杉原はソ連側との交渉で、調べ上げた事実を基に反論、交渉を日本側に有利に導いた。一九三五年三月、北満鉄道の譲渡交渉はソ連の提示額の四分の一以下の価格（一億四〇〇〇万円）で決着、協定が調印された。杉原は北満鉄道の譲渡交渉で、持ち前の優れた調査・交渉力を活かし、大きな成果をもたらした。

三か月後の一九三五年七月、杉原の優れた調査・交渉力に目をつけた関東軍の将校、橋本欣五郎大佐は、杉原に、多額の報酬と引き換えにロシアのスパイとして働くよう誘いをかけた。橋本欣五郎は参謀本部ロシア班長として満州事変の拡大に暗躍したほか、様々な陰謀に加わった人物である。杉原は軍人の手先になることは不本意であった。しかし満州国の実権を握る関東軍に逆らえばハルビンにはいられない。杉原は満州国外交部を依願退官し、帰国した。

杉原は帰国後外務省に復職、大臣官房人事課、情報部第一課に合わせて約二年間勤務した。この間に、友人の妹の幸子と結婚した。一九三六年一二月、モスクワの日本大使館に二等通訳官としての勤務が命じられると、ソ連が「好ましからざる人物」として、杉原のソ連入国を拒否した。ソ連はこの異例の措置の理由として、ハルビン総領事館在勤時に杉原がソ連に敵対心を持つ白系露人と親密な関係を築いていたことなどを挙げた。しかしソ連の本音は、北満鉄道譲渡交渉で見せつけられた杉原の傑出した情報力を警戒したためだとの見方もあった。

連日、領事館入口の鉄柵前に人だかり

一九三七年九月、日本はノモンハン事件でソ連に手痛い敗北を喫し、参謀本部と外務省は対ソ諜報の充実強化を喫緊の課題とした。この頃、ヨーロッパ東部情勢は風雲急を告げていた。杉原がリトアニアの首都カウナス（現在の首都はビリニュス）の日本領事館に着任した四日後の八月二三日、ソ連は思想的に対立していたナチス・ドイツと提携、独ソ不可侵条約を締結して世界を驚かせた。二五日、日本では、日独伊三国同盟締結交渉を中止することが閣議で決定され、平沼騏一郎内閣は二八日、「欧州情勢は複雑怪奇なり」との声明を発表して総辞職した。そして九月一日、ナチス・ドイツの空軍と陸軍がポーランド侵攻を開始し、三日、英国とフラ

ンスがドイツに宣戦を布告して第二次世界大戦が始まった。

外務省は激動するヨーロッパ情勢を的確に把握する必要性を痛感した。一方、日本の参謀本部は、満洲に駐留する関東軍の精鋭部隊をソ満国境から南太平洋諸島にできるだけ早期に転進させようと考えていた。その転進の時期はドイツ軍がソ連を侵攻するときが適当だとして、参謀本部はドイツ軍のソ連侵攻の日時を迅速かつ正確につかんで報告してもらうため、外務省に対して東欧にロシア問題の専門家を配置し、独ソ関係などの機密情報を探り本国に報告する体制づくりを要請していた。

外務省はこの要請に応え、一九三九年八月一九日、バルト三国をはじめとするソ連周辺国に、六人のロシア問題の専門家を送り込む辞令を同時に発令した。この六人の中に杉原が含まれていた。外務省はソ連、ドイツ両国に近いリトアニア第二の都市カウナスに領事館を設け、ロシア語が堪能なうえ諜報のエキスパートである杉原を送り込んで諜報に当たらせることにした。杉原は辞令発令前の七月半ば、カウナスに赴任、日本領事館の開設に着手した。九月一日、ドイツがポーランドに侵攻、ソ連が独ソ不可侵条約附属秘密議定書に基づき、一七日にポーランド東部への侵攻を開始した。

一九四〇年七月一八日朝、領事館入口の鉄柵前に人だかりができていた。杉原の妻幸子が領事館の窓のカーテンの隙間から外を覗くと、数人がそれに気づき、何やら叫び始めた。祈るように手を合わせるしぐさの人もいた。杉原はその光景について後にこう書いた。

「六時少し前。表通りに面した領事公邸の寝室の窓際が、突然人だかりの喧しい話し声で騒がしくなり、意味の分からぬわめき声は人だかりの人数が増えるためか、次第に高く激しくなってゆく。で、私は急ぎカーテンの端の隙間から外をうかがうに、なんと、これはヨレヨレの服装をした老若男女で、いろいろの人相の人々が、ザッと一〇〇人も公邸の鉄柵に寄り掛かって、こちらに向かって何かを訴えている光景が眼に映った」

杉原がボーイに来訪の目的を訪ねに行かせたところ、彼らはナチス・ドイツによる逮捕・虐殺の難を逃れるため、ポーランドの西部の都市からカウナスを目指して何日もかけて歩き続け、やっとたどり着いたユダヤ人であることがわかった。

使用人が買い物に行くために鉄柵を開けたところ、人々がどっと庭に入り込み、外に出てもらうのに一苦労した。ユダヤ人たちは一日中、鉄柵の前を去らず、暗くなると引き揚げていくが、翌日もその翌日も早朝から押し寄せ、人数は増える一方だった。

この人たちを見ていた杉原は、放置していればや

リトアニアの日本領事館前で日本の通過ビザの発給を訴えるユダヤ人たち。（提供・NPO 杉原千畝命のビザ）

がて収拾のつかない事態になりかねないと判断、代表五人を選んでもらい、領事館事務室に入れて来訪の目的を聴いた。すると五人は、「私たちはポーランドから逃げて来たユダヤ人です。ナチスのユダヤ人迫害を避けることのできる国は、もはやヨーロッパにはありません。日本を経由して第三国へ移住するため、日本を通過するビザをぜひ発給していただきたい」と口々に訴えた。ユダヤ人たちが生き延びるためには、シベリア鉄道を経て日本に行き、日本経由で米国や英国などに逃れる道しか残されていなかった。ユダヤ人たちはその通過ビザを発給してもらうためにカウナスの日本領事館にやって来たのである。それは救命の嘆願に他ならなかった。

彼らは一九三九年九月一日のナチス・ドイツ軍のポーランド侵攻の際、攻略された地区の住民だった。五人は杉原に二時間にわたってポーランドからの苦難の決死行について話した。それによると、彼らは隙に乗じてナチスの軍政管理網から脱け出し、リトアニアのカウナスにある日本領事館を目指して歩いてきたという。杉原は「あなたたちの要求は日本通過の許可であるということですが、日本に長期間、留まるものでないことを証明するドキュメントなどを提出してください」と注文した。

杉原は独ソ戦開始時期をつかむため、外務省から託された任務である独ソ戦の開戦時期を探る諜報活動を始めた。彼は、その機密情報の提供に協力するポーランドの情報将校への見返りとして、軍人の家族など関係者を含めても多くて当初六〇〇人を安全地域に逃すため、通過ビザを発行する予定だった。ところが、ナチスに追われたポーランドからの大量の難民がカウナスの日本領事館に殺到するという予想外の出来事が起こったのである。

ユダヤ人に通過ビザ発給を決断

その晩、杉原はビザを発給すべきか否か考えて、ほとんど眠れなかった。翌朝早く、彼は日本領事館のすぐ近くにあるソ連領事館に行き、日本の通過ビザを持ったユダヤ人にソ連が通過ビザを発行するかどうかを尋ねた。すると、ソ連の領事は発行すると明言した。杉原は次に外務省に宛てて、①ユダヤ人が日本を通過するビザの発行を求めてきていること、②人道上その要求をどうしても拒否できないことなどを記した第一回の請訓電報を暗号で送った。請訓電報は外務大臣と外務省のトップクラスだけが目を通す秘密文書扱いである。しかし打電からかなりの時間が経過して、外務省から来た返事は「最終目的国の入国許可を持たない者には通過ビザを発行しないように」というものだった。

日本では七月二二日に第二次近衛文麿内閣が成立、外相に就任した松岡洋右が九月二七日、日独伊三国同盟を成立させた。杉原は、このような状況で外務省が反ユダヤ主義のナチス・ドイツに敵対するようなビザの大量発行を認める可能性は少ないと見ていたが、案の定、否定的な回答が届いた。杉原は諦めず、現地の緊迫した状況の報告を兼ねて第二回、第三回の請訓電報を送った。しかし外務省の返事は、すべてノーだった。第三回目の返事は「大量の外国人が国内を通ることに内務省が反対している」との理由を挙げ、「ビザの発行はならぬ」と強い調子だった。

杉原はこの三回目の回答を手にして、領事の権限でビザを発行する決心をした。妻幸子は著書『六千人の命のビザ』（大正出版、一九九三年）の中で、この時の夫妻のやり取りを次のように書いている。


「幸子、私は外務省に背いて、領事の権限でビザを出すことにする。いいだろう？」

「あとで、私たちはどうなるか分かりませんけれど、そうしてあげてください」

私の心も夫とひとつでした。大勢の人たちの命が私たちにかかっているのですから。夫は外務省を辞めさせられることも覚悟していました。「いざとなれば、ロシア語で食べていくぐらいはできるだろう」とつぶやくように言った夫の言葉には、やはりぬぐい切れない不安が感じられました。

「大丈夫だよ。ナチスに問題にされるとしても、家族にまでは手を出さない」

それだけの覚悟がなければ、できないことでした。

「ここに百人の人がいたとしても、私たちのようにユダヤ人を助けようとは考えないだろうね。それでも私たちはやろうか」

夫は私の顔をまっすぐ見てもう一度、念を押すように言いました。私はその時、「子供たちも私も最悪の場合は命の保証はないのだ」と思いましたが、黙って深くうなずきました。文官服務規程で本省の指示に反して行動すれば、昇進停止か馘首《かくしゅ》が待ち受けていたのです。夫以外の人ならば、無難な途を選んだことでしょう。夫は自分の信念に従って生きてきた人でした。

七月三一日早朝、杉原はまだ暗いうちから鉄柵の前に詰めかけている群衆に近づき、「ビザを発行します」と告げた。人々はそれまでの沈痛の表情が一転、明るくなり、どよめきが起こった。整理券が配られ、ガレージの入口から事務所に順序よく入ってもらい、杉原が受け入れ国の入国許可証の保持と、目的地までの旅費の準備状況などを一人ずつ質問し、その答えを手書きで詳細にビザに記入した。

七月末、杉原のもとにはソ連政府から「リトアニアは独立国ではなくなったため、領事館を閉鎖し、領事館員及びその家族は国外に退去すべし」との通知が届いていた。これは、エストニア、ラトビア、リトアニアのバルト三国が独ソ不可侵条約に付帯する秘密議定書に基づき、一九四〇年六月一五、一六日の両日、ソ連軍の侵攻を受けてソ連に併合されたためである。退去までに残された時間は、あとひと月。杉原は一人でも多くのユダヤ人の命を救おうと、毎日朝から晩まで昼食抜きでビザを作り続けた。

八月一〇日頃、ユダヤ難民たちが日本に到着し始め、杉原の発行した通過ビザの所持者中に目的地までの旅費の不足などの条件不備者が見つかった。外務省は杉原に、「行先国の入国許可や行き先国までの旅費の不足など発行条件を満たさない者にはビザを発行しないように」と再三クレームをつけてきた。これに対し杉原は、「ビザを求める難民たちの逼迫した事情は同情に値するものだと考え、日本行きの船に乗るまでに条件を満たせばよいという拡大解釈のうえでビザを発給しています」と回答した。ビザ発行の必要性に関する外務省と杉原の考え方は根本的に異なっていた。杉原はビザの発行を認めたくない本省の意向に対する不満を募らせ、後に手記にこう書いている。

「全世界に隠然たる勢力を有するユダヤ民族から、永遠の恨みを買ってまで、旅行書類の不備とか公安上の支障云々を口実に、ビザを拒否してもかまわないとでもいうのか？　それがはたして国益に叶うことだというのか？」

一人でも多くの人命を救おうと、多量のビザを休まず、手書きする日々が続いた杉原は、腕を痛めた。亡命ポーランド政府の情報将校ダシュキェヴィチ大尉は杉原を気遣い、一部だけを手書きで済ますゴム印を作ることを提案し、ゴム印が作られた。ビザ作成作業は八月二八日まで二九日間続き、杉原が発給した通過ビザの総数は番号が付され記録されているものだけでも二一三九通を数えた。一家族につき一枚のビザで十分だったため、一家族を二人から三人と見て、約六千人のユダヤ人の国外脱出を助けたと考えられている。

八月末、ソ連からの退去命令が激しくなると、杉原は領事館内すべての重要書類を焼却し、家族とともに老舗ホテル「メトロポリス」に移り、ホテル内で仮通過ビザを発給した。カウナスを去る九月一日、国際列車がカウナス駅を走り出すとき、見送りのユダヤ人に「私にはもう書けない。許して下さい」と杉原が頭を下げると、ユダヤ人の一人が「スギハァラ。私たちはあなたを忘れません」と言った。この人が一九六八年夏の初め、在日イスラエル大使館の館員として杉原と感動の再会を果たし、杉原をイスラエルに招待する。

「ドイツがソ連侵攻を準備中」と本省に打電

杉原千畝はソ連からカウナスの日本領事館閉鎖通知を受けてリトアニアを退去し、ドイツの首都・ベルリンを訪れたあと、一九四〇年八月二九日、当時ドイツの保護領になっていたチェコの在プラハ日本総領事館の総領事代理として勤務するよう外務省から命じられた。プラハの総領事館で半年間勤務した杉原は、一九四一年二月二八日、独ソ国境に近い東プロイセンの在ケーニヒスベルク総領事館の総領事代理に転じた。ケーニヒスベルクに移って三か月後の五月六日、杉原は独ソ戦の勃発時期を特定した極秘暗号電報を本国に送り、さらに五月九日にも、「独ソ戦勃発が近い」とみて、そのように判断する根拠を打電した。五月九日に外務省に宛てて送った電信文を口語文に書き換えると、次のような内容である。

「ベルリンからケーニヒスベルク方面に相変わらず毎日およそ一〇両程度の軍用列車が北上しており、車両はフランスから徴発したものが用いられています。東プロイセンには旧ポーランド領に劣らぬ大兵力が結集しているので、独ソ関係は六月には決定的局面を迎えるでしょう」

また、「極めて多量の『ミンスク』産の穀物が到着した」と指摘し、ソ連側が長期戦に備えて穀物の大量備蓄を始めていることを報告している。

一九四一年六月二二日、杉原が独ソ開戦情報を東京に送って間もなく、ヒトラー率いるナチス・ドイツ軍がスターリン支配下のソ連に侵攻を始めた。杉原の電報は独ソ戦勃発の時期を正確に予測した貴重な情報となった。独ソ戦が始まると、バルト三国はドイツの攻撃を受けてソ連軍は撤退し、一九四四年までドイツの占領下となる。杉原のいたカウナス在住のユダヤ人はナチス・ドイツの「アインザッツ・グルッペン」と呼ばれる殺戮部隊の手にかかったり、強制収容所に送られたりして、開戦後わずか二か月で約一万人が殺害された。ナチス統治下の五年間に殺害されたリトアニアのユダヤ人は、居住者総数の九四パーセントに当たる約一九万五〇〇〇人である。

杉原の諜報活動はリスクを伴っていた。ナチス・ドイツの国家保安部は、杉原が機密情報を入手するために亡命ポーランド政府の情報将校たちと協力関係を構築したことを敵対行為として糾弾した。一九四一年八月七日、ドイツ国家保安本部のラインハルト・ハイドリヒは「ドイツ帝国における日本人スパイについて」と題する報告書を外相リッベントロップに提出した。報告書は杉原がカウナスで亡命ポーランド政府の情報将校たちと協力、バチカンの後援を受けるなどしてロンドンのポーランド亡命政府へ情報を送ったことをドイツにとってのスパイ行為であると指摘、「日本領事杉原はポーランド及び英国に親しい人物。杉原が引き続きケーニヒスベルクで職務を続けることは、日独関係を危険に陥れる」と書かれている。しかし外務省は杉原の帰国を認めようとせず、一一月、ドイツから遠いルーマニアのブカレストに異動を命じた。

外務次官が「例の件でかばい切れない」と退職を求める

終戦後の杉原には苛酷な現実が待ち受けていた。杉原は敗戦国の外交官としてブカレストの日本公使館でソ連軍に身柄を拘束され、家族と共にブカレスト郊外の捕虜収容所に入れられた。一九四六年一一月一六日、杉原一家は来訪したソ連軍将校に直ちに帰国するよう告げられ、オデッサ、モスクワ、ナホトカ、ウラジオストックと厳寒の旅を続け、翌一九四七年四月五日に「恵山丸」で博多湾に入港した。一九三七年に日本を離れ、フィンランド公使館に赴任してから十年ぶりに故国の土を踏んだ。

杉原一家は帰国後、神奈川県藤沢市鵠沼に居を据えた。外務省は「しばらくは出省しなくてもよい」ということで、身体を休めた。しばらくして外務省から出省するよう求める手紙が届き、同省に出向くと、岡崎勝男外務次官は杉原に「君のポストはもうないのです。退職していただきたい。例の件（筆者注：ユダヤ人を助けるために本省の命に背いて通過ビザを発給した件）によって責任を問われている。省としてもかばい切れないのです」と言った（杉原幸子著

杉原千畝の妻幸子が著した『六千人の命のビザ』（大正出版）。

『六千人の命のビザ』大正出版、一五〇頁）。

当時、ＧＨＱ（連合軍最高司令部）の命令で、各省庁は大幅な人員整理を行っていた。杉原はその中に組み入れられたのだろう。六月七日、岡崎外務次官から退職通告書が送付されてきた。杉原は四七歳で外務省を依願免職となった。外務省退官後間もなく、カウナスで生まれた三男が白血病で死亡、翌一九四八年には欧州生活に同行した妻の妹菊池節子（ロシア文学者・小沼文彦の夫人）も亡くなるなど、杉原一家は不幸に見舞われる。

杉原は外務省を退職した後、新しい仕事に精一杯打ち込んでいった。新しい仕事とは、参議院事務局、連合国軍の東京ＰＸ日本総支配人、米国貿易商会、三輝貿易、ニコライ学院講師、科学技術庁、ＮＨＫ国際局、川上貿易のモスクワ駐在員、諜報、国際交易モスクワ事務所長など一〇種を数える。一九七八年、杉原は国際交易モスクワ支店を退職して日本に帰国し、一九八〇年に神奈川県鎌倉市・西鎌倉に転居した。

杉原のビザ発行は免職覚悟の上の行為だった

多数のユダヤ人へのビザ発行は、杉原が妻幸子と相談のうえ、「たとえ免職になっても」と決行したことである。杉原は自分が外務省の訓令に背いたことをよくわきまえていた。それは杉原が後に「カウナスでのビザ発給が博愛、人道精神から決行したことであっても、それは本省訓令の無視であり、このかどにより、四十七歳で依願免職になった」と手記の中に書いていることからも明らかである。

訓令に背いてまでのビザの発行は人道精神から発した行為である。杉原は「私に頼ってくる人々を見捨てるわけにはいかない。でなければ私は神に背く」、「私のしたことは外交官としては間違っていたかもしれない。しかし、私には頼ってきた何千もの人を見殺しにすることはできなかった。私の行為は歴史が審判してくれるだろう」と言っている。このような強い決意に基づく行為だったからか、杉原はビザを受給するユダヤ人難民によく励ましの言葉をかけた。ビザ受給者の一人、ソリー・ガノールは杉原から「世界は、大きな車輪のようなものですからね。対立したり、争ったりせずに、みんなで手をつなぎあって、まわっていかなければなりません……。では、お元気で、幸運をいのります」と激励した。

また、杉原は謙虚だった。ビザの発行について尋ねられると、「あの人たちを憐れに思うからやったのです。彼らは国を出たいと言う、だから私はビザを出す。ただそれだけのことだ」(モシェ・ズプニックが聞いた言葉)、「大したことをしたわけではない。当然のことをしただけです」、「新聞やテレビで騒がれるようなことではありません」などと答えた。杉原はカウナスの領事館でユダヤ難民に発行した通過ビザについては他人に語らなかった。

一九六八年夏、杉原は通過ビザを発行した者の一人、ヨシア・ニジュリから思いがけない電話を受けた。彼は在日本イスラエル大使館の参事官となっていた。ニジェリは先述のとおり、一九四〇年九月、カウナス駅頭で「私たちはあなたを忘れません」と感謝の言葉を述べたユダヤ難民。杉原は職探しのためにイスラエル大使館に自分の住所・電話番号を教えていたため、ニシュリは杉原を探し出すことができた。

この頃、杉原がカウナスで通過ビザを発給したゾラフ・バルハフティクがイスラエルの宗教大臣となり、翌一九六九年一二月、杉原をイスラエルに招待した。杉原は首都エルサレムでバルハフティクに二九年ぶりに再会した。杉原はこのとき初めて、失職を覚悟のうえ、独断で通過ビザの発給を決行したことを明かした。バルハフティクは杉原が外務省の訓令に背いてまでビザを発行したと知って、そのヒューマンな精神と勇気ある行為に驚愕した。バルハフティクは後にインタビューで、「政府の命令に背き、良心に従った杉原さんがいなかったら、私たちの誰も今、存在しなかった」と杉原の行為に感謝するとともに、外務省が杉原の業績を表彰しないどころか、逆に戦後、その行為を理由に退職させた冷たい仕打ちに怒り、その名誉回復を訴えた。

杉原が発給した日本通過ビザにより命を救われた約六〇〇〇人はその後家族を築き、現在子、孫、曾孫を合わせると、約二〇万人になる。イスラエル政府は多くのユダヤ人の命を救出した功績で、一九八五年一月一八日、杉原を「諸国民の中の正義の人」と評価、「ヤド・バシェム賞」を授与した。同年一一月、エルサレムの丘で記念植樹祭と杉原の業績を顕彰する式典が執り行われた。杉原は心臓病と高齢のため出席できず、代わりに四男・伸生《のぶき》が出席した。

杉原は一九八六年七月三一日、入院先の鎌倉市内の病院で八六年の波乱に満ちた生涯を終えた。葬儀には駐日イスラエル大使のヤーコブ・コーヘンを始め、かつての日露協会学校（後のハルビン学院）の教え子や貿易商社モスクワ駐在員時代の同僚など、生前の杉原を知る約三〇〇人が参列した。杉原は、神奈川県鎌倉市の鎌倉霊園に葬られた。

河野洋平外相が杉原の名誉を回復

杉原のビザ発給を支え、共に困難を乗り越えてきた妻幸子は一九九三年、『六千人の命のビザ』を刊行、この中で夫千畝がどのような思いで通過ビザの発行を決行したのか、ソ連から領事館の閉鎖を急き立てられながら通過ビザを二一三九枚も発行したこと、帰国後、外務次官から本省の命に背いて通過ビザを発行したことを理由に免職されたことなど真相を明らかにした。

この本がきっかけで、千畝の名誉回復を求める声が上がり、七年後、杉原の名誉が回復された。幸子は著書のあとがきで「苦しみ多い人生でしたが、人間として幾千人の生命を救うことのできた、夫と私の生涯は幸せではなかったかと、今しみじみと思っています」と述懐している。

杉原の他界から四年後の一九九〇年、鈴木宗男外務政務次官が杉原のビザ発給を高く評価、幸子夫人にそのことを伝えるとともに、外交史料館に杉原の顕彰プレートを設置する運動を起こした。二〇〇〇年一〇月一〇日、「勇気ある人道的行為を行った外交官杉原千畝を讃えて」と刻まれた顕彰プレートが外交史料館に設置され、幸子が出席して除幕式が行われた。除幕式で河野洋平外相は、「これまでに外務省と故杉原氏の御家族の皆様との間で、いろいろご無礼があったこと、ご名誉にかかわる意思の疎通が欠けていた点を、外務大臣として、この機会に心からお詫び申しあげたいと存じます」と外務省の非礼を認め、遺族に謝罪した。これにより、杉原の名誉は回復された。

河野は次いでカウナス領事館勤務時代の杉原の仕事について、「ナチスによる迫害を逃れてきたユダヤ系避難民に対して日本通過のための査証を発給することで、多くのユダヤ系避難民の命を救い、現在に至るまで、国境、民族を越えて広く尊敬を集めておられます」と紹介し、さらに千畝の業績を次のように讃えた。

「日本外交に携わる責任者として、外交政策の決定においては、いかなる場合も、人道的な考慮は最も基本的な、また最も重要なことであると常々私は感じております。故杉原氏は今から六〇年前に、ナチスによるユダヤ人迫害という極限的な局面において人道的かつ勇気のある判断をされることで、人道的考慮の大切さを示されました。私は、このような素晴らしい先輩を持つことができたことを誇りに思う次第です」

ドイツは第二次世界大戦後、ナチスが犯したユダヤ人大虐殺事件を反省し、基本法（憲法）

の第一条に人間の尊厳の尊重・保護が国家権力に義務づけられていることを規定、さらに「ドイツ国民は人権の擁護があらゆる共同体、世界平和と正義の基本であることを確認する」という文言を盛り込んだ。ドイツ憲法の人間の尊厳の保護や人権擁護の規定は、ヒトラーとナチスによる非人間的な政治を二度と繰り返してはならないというドイツの人々の決意の表明である。

2　難民救済策を改善した緒方貞子国連弁務官

超一級の史料「片倉日誌」との出会い

緒方貞子は一九二七年九月一六日、外交官で、元フィンランド特命全権公使の中村豊一と恒子夫妻の長女として、現東京都港区麻布で生まれた。曽祖父は一九三二年の五・一五事件で軍部によって暗殺された犬養毅首相、祖父は元外交官から外相になった芳澤謙吉である。父が外交官だったため、幼少期は米国や中国で過ごした。父の書棚は外交関係の書物で埋め尽くされていた。そのような環境で育ったため、緒方も外交史、アジア、日米関係、日中関係をテーマに勉強した。一九五一年、聖心女子大学文学部英文科を卒業した後、米国のジョージタウン大学大学院修士課程とカリフォルニア大学バークレー校大学院博士課程へ留学した。

曽祖父の犬養毅が軍部に暗殺されたとき、緒方は四歳だった。彼女は事件後、家族が日本の軍国主義化に批判的だったのを肌身で感じながら成長した。このことについて、緒方は一九九九年にワシントンで行なった講演で次のように語っている。

「二つの大戦の間、家族は軍国主義に傾倒していく母国日本に批判的であり、それが私に大きな影響を与えました。その姿勢は、特に曽祖父の犬養毅が軍部によって一九三二年に暗殺されてから一層強くなった」

緒方が日中戦争以前の日本の政治・外交に強い関心を抱き、博士論文のテーマに満州事変を選んだのも、その生い立ちと深く関わっている。

緒方は留学先のカリフォルニア大学バークレー校大学院で勉強しているうちに、「日本はなぜあのような無謀な日中戦争や太平洋戦争へ突入していったのか」という疑問がどんどん大きくなっていった。そして博士論文の研究テーマに「満州事変と政策の形成過程」を選び、アジアの政治・国際関係を専攻するロバート・スカラピーノ教授の指導を受けた。満州事変を研究テーマに選んだ理由について、緒方は「満州事変から日中戦争そして太平洋戦争に至る日本の外交戦略の失敗は明白でしたし、それにかかわった政策決定者にはやはり責任があります。このような問題関心に私なりに答えを出そうとしたのが、満州事変研究だったのです」と語っている。

満州事変の研究を具体的にどう深めていくかは、緒方にとって大きな課題だった。考えあぐねた末、緒方は東京大学法学部の岡義武教授に相談に行った。岡教授は親身に対応してくれた。岡は「満州事変の研究なら、史料に詳しい林茂先生のところへ行きなさい」と言い、同大学社会科学研究所の林教授の研究室まで緒方を案内した。林は古書店と関係が深く、どんな史料がどこにあり、何が埋もれているのかを熟知していた。緒方に満州事変の発生当時、関東軍参謀だった片倉衷《ただし》元大尉（後に少将）が付けていた日誌が存在するらしいことを教え、さらに緒方が片倉に会う仲介の労まで取った。

緒方が片倉宅を訪ねると、片倉は一九三一年九月一八日の柳条湖事件から、溥儀が満州国の執政に就任する翌一九三二年三月九日までの詳細な日誌を付け、それを保管していた。この日誌が「満州事変機密政略日誌」で、当時の関東軍の日々の動向が一目瞭然の超一級の史料である。

柳条湖事件は、関東軍の高級参謀板垣征四郎大佐と作戦参謀石原莞爾中佐が首謀、実行した陰謀である。関東軍はこれを「中国軍による犯行」と発表して中国東北部で軍事行動を展開したが、中国が「日本の侵略」として国際連盟に提訴、同連盟の調査の結果、「日本の軍事行動は自衛とは認められない」と結論した。日本はこれを不満として国際連盟から脱退して国際的に孤立し、以後、日中戦争の拡大から太平洋戦争へと戦争への道を突き進んで行く。日本の「暗い時代」の発端である満州事変の経過を詳細に記録した「片倉日誌」は当時、門外不出の貴重な史料であった。片倉は手書きの原本を参謀本部に提出、タイプ版を保存していた。

そもそも歴史の研究は、価値のある史料が見つかるかどうかにかかっている。緒方は岡、林両教授の懇切な対応で「片倉日誌」という貴重な史料に出会うことができ、そのお陰で、緒方は優れた博士論文を仕上げる展望が開けたのである。

緒方の祖父芳澤謙吉は、満州事変当時、ジュネーブで日本の国際連盟日本政府代表を務めていた。芳澤は関東軍がチチハル進撃や錦州爆撃など軍事的に既成事実を作るやり方には「軍部が悪い」とはっきり言い、政府にその阻止を進言した。緒方は、この祖父の家を訪ねて当時の状況について話を聞いた。論文執筆の格好の取材源が身内であったことは緒方にとって好都合だった。

緒方は研究調査の結果を四年がかりで英語の博士論文にまとめ、一九六二年初頭にカリフォルニア大学に提出、政治学の博士号を取得した。この論文は一九六四年に同大学出版局から出版され、日本語版が一九六六年に原書房から出された。二〇一五年七月には中国語版が刊行された。結婚後は夫の仕事で大阪、ロンドンに住み、子育てをしながら、一九六五年、国際基督教大学の非常勤講師になった。

女性・学者・アジア初の国連難民高等弁務官に

一九六八年、緒方は参議院議員市川房枝の働きかけで国連総会に日本政府代表顧問（公使）として出席、これを機に国連で多国間外交の経験を積んだ。一九七四年、国際基督教大学准教授に就任、一九七六年、国連日本政府代表部公使となり、一九七八年には同代表部特命全権公使に昇格した。一九八〇年、上智大学教授、八九年には同大学外国語学部長になる。

緒方は国連での仕事を二二年間経験したあと、一九九〇年一二月二一日、国連総会で第八代国連難民高等弁務官に選出され、翌九一年二月、就任した。このとき緒方は六三歳。初の女性、初の学者出身、初のアジアからの選出という異色づくめの国連難民高等弁務官である。緒方は難民を支援する国連機関のトップとして三期一〇年の長きにわたり采配を振るった。

緒方の就任は、難民多発時代の幕開けのタイミングであった。彼女が最初に遭遇したのは、難民となることを阻まれ、国内に留まったクルド人をどう支援するかという問題だった。

『聞き書　緒方貞子回顧録』（岩波現代文庫）。

緒方が国連難民高等弁務官に就任する一か月前の一九九一年一月、湾岸戦争が始まり、二月二八日に停戦となった。三月、イラク国内のシーア派住民とクルド人が、敗戦で弱っているフセイン政権の隙をついて反政府の武装蜂起を起こした。反政府勢力は一時、全国一八県中一四県を掌握したが、フセイン政権は共和国防衛隊を差し向けて反政府勢力の巻き返しに成功した。クルド人たちは国境を越えてトルコに逃れようとしたが、トルコが国境で入国を拒否、このためイラク国境沿いの山岳地帯に留まった。国連難民高等弁務官に就任した緒方の最初の仕事が、このクルド人四五万人の保護問題であった。

クルド人四五万人が避難民化、救済策を練る

ここでクルド人問題を概観する。クルド人は、イラク、トルコ、イラン、シリアの中東四か

国にまたがる高原地帯、クルディスタン地方に約二五〇〇万人、欧州に一〇〇万人が居住する。かつて、クルド人はオスマン・トルコという帝国内に居住していた。オスマン・トルコが第一次世界大戦で敗れ帝国が解体されたあと、新たに国家をつくるとき、クルド人の民族国家を建国すればよかったのだが、この時は民族問題を全く無視して国境が決められた。このため、クルド人はアラブ人国家の中の異民族、異教徒（ゾロアスター教系のヤジディ教）として暮らさなければならなくなった。

クルド人は異民族、異教徒のため、長い間差別と抑圧に耐えてきた。イラク北部の油田地帯には中東在住クルド人総数の約二〇パーセントが居住していたが、一九八七年にはフセイン大統領が化学兵器によるクルド人絶滅作戦を行い、約一八万人を虐殺し、強制退去で一五〇万人の難民を発生させた。またトルコ東部には約一五〇〇万人のクルド人が居住、一九八〇年代にはクルド労働者党（ＰＫＫ）が武装蜂起したが、トルコ政府による掃討作戦により、約三五〇万人のクルド人が難民となった。

一九九一年一月、イラクが湾岸戦争に敗れると、フセイン政権に迫害されてきたクルド人がこれを好機と見て武装蜂起した。ところがイラク軍が反撃に出ると、蜂起したクルド人一八〇万人が国外への脱出を図る羽目になった。このうち一三五万人は四月五日から僅か数日間にイランに逃げ込み難民となったが、残りの四五万人はトルコの入国拒否により、国境近くのイラクの山岳地帯に留まった。国内のクルド人武装勢力に悩まされていたトルコは、治安維持のためにクルド人をこれ以上受け入れたくないと、国境を閉ざしたのである。このため行き場を失った四五万のクルド人が山岳地帯で飢えと寒さに苦しんでいた。その様子がCNNのテレビで放映されると、「クルド難民を放置しておいてよいのか」という国際世論が沸き起こった。

この問題の解決について、米英軍は国連難民高等弁務官に対し、「クルド人の出身地であるイラク北部に難民キャンプを設置して欲しい」と要請した。しかし「難民条約」では国境の外に逃れ出た人を難民と呼び、保護することを規定しているが、自国に留まっているクルド人を迫害から守る規定はない。イラク国内に留まっているクルド人は「難民条約」の定める難民に当たらず、難民キャンプを設置してクルド人を保護することは法規上、できない決まりになっている。

「ヒューマンであれ」と現場主義を基に難民条約を改正

緒方が国連難民高等弁務官時代、優先した価値判断の主要な基準は「ヒューマンであれ（be humane）」であった。難民救済対策の場合、人間らしい施策とは人命の尊重である。緒方は人命の尊重の考え方に立脚した人道支援こそ、難民救済行政の根幹でなければならないと考えたのである。これについて、緒方はこう語っている。

「humaneというのは人間らしさのこと。いろいろな迷いや問題が起こる中で、人間らしさを守ることによって人間性というものを持っていられるんじゃないかと思うんです。私は善を持っているのが人間性だと思っています……考えてみたら、命を守る以外ないんですね、最後は。どこであろうと。生きてもらうことに尽きてしまうんですよね。いろいろな生き方はあってもね。大事なことだと思いますよ。それが人道支援の一番の根幹にあると思います」

緒方は取るべき施策を決めかねるとき、「現場主義」を重視した。現場主義とは、まず現場に行って難民の声に耳を傾けるなどして状況を把握、難民と一緒に問題の解決策を探る方法である。ともかく現場を見よう——緒方はクルド人難民問題が起こったときも、そう考えた。一九九一年二月、緒方はトルコとイラクの国境沿いの山岳地帯を訪れ、四五万のクルド人たちが飢えと寒さに耐えている避難状況を視察、避難民の声も聞いた。彼女は四月半ば、軍用ヘリコプターに乗ってイランとイラクの国境を訪れた。そこで彼女が目の当たりにしたのは、行き場を失い、命の危険にさらされつつイラクとイランの国境の山を必死で越えているクルド人難民の姿だった。緒方は後に「現場感というものがなくて、人は説得できないと思いますよ。現場の感覚がないと本当に、こうしたらどうですか、ああしたらどうですかと提言は出来ません」と語っている。

「難民条約」は国外に逃れた難民を国連難民高等弁務官事務所が保護することを決めている。緒方は人命の尊重と現場主義の観点に立ち、「難民条約」のルールの見直しに取り組んだ結果、たとえ国内に留まっていても、実質的に国外に逃れた難民と同様に生存の危機に瀕している人々は、条約をより根本的に解釈し、国境を超えない国内の避難民も国外に逃れた難民と同様に保護の対象にすべきだとの判断に達した。それは、従来の「難民条約」の規定を変更し、国内避難民を新しい枠組みで保護しようというものである。これについて、緒方は後に次のように語っている。

「難民条約は、難民という状況のもとにある人々を助けるのがそもそもの目的です。難民と同様の状況にありながら、現状が難民の定義に合わないために不合理な状況が生じているなら、やはり、原点に返って人の命を救う形の理屈づけをしなきゃならない、ということだと思いました」（緒方貞子著『共に生きるということ』、ＰＨＰ研究所）

さっそく、難民高等弁務官事務所の幹部職員による会議が開かれ、「難民条約」の規定変更について協議された。ほとんどの幹部職員は難民条約の規定を順守するよう、次のように主張した。

「迫害を受ける恐れがあって国外に逃れ、自国の保護を受けられない人が難民。イラク国内にいる人を難民と見なすべきではない」、「ルールは守らなければなりません。イラク国内に留まっている人々を難民と認めれば、クルド人を受け入れないトルコの姿勢を認めてしまうことになる。それは結果として難民高等弁務官事務所の権限を弱めてしまうことになる」

全員の意見を聴いた後、緒方がこう反論した。

「私はイラク国内に留まっている人々を保護します。なぜなら難民高等弁務官事務所はいつも苦しみを受けている人々のもとにあるからです。国境を越えたかどうかに関わりなく、一番大切なことはルールを守ることではないことです。目の前で苦しんでいる人たちの命を救うことです。絶望している人たちの苦しみを和らげることです」

この緒方の決断により、米英軍が山岳地帯に逃れた四五万のクルド人たちを平地に連れ戻し、難民キャンプを設置することになった。五月、多国籍軍は二万人もの軍事要員を送り込んで難民キャンプをつくり、山岳地帯にいた四五万人のクルド人をそこに移動させた。緒方と国連難民高等弁務官事務所は航空機二〇〇機を使って食料、テント、毛布など生活に必要な支援物資を空輸し、難民キャンプに難民高弁務官事務所の職員を派遣した。

そしてイラク北部に難民キャンプを新設、クルド人避難民四五万人を収容した。緒方は、さらに難民キャンプのクルド人がフセイン政権の迫害に会わないよう米軍に駐留を依頼、クルド人の出身地であるイラク北部の復興支援にも積極的に関わるなど、次々に新たな人道支援の枠組みを作った。

緒方は設営された難民キャンプを一種の安全地帯として、イラクのフセイン政権の攻撃からクルド人を守るよう米欧軍に要請した。この要請に対し、米軍などは「空軍によって空から守ることはできるが、いつまでもこの地域にいられない」と回答した。難民の安全、人命尊重を重視する緒方は六月、ワシントンに飛び、ブッシュ米国大統領をホワイトハウスに訪ね、「イラク北部の米軍の駐留期間をぜひ延長して欲しい」と直接、依頼した。これに対しブッシュは「米軍は撤退しなければならない。だが撤退は時間をかけ、責任を果たしながら行う」と確約した。

サラエボで食糧空輸機撃墜事件が発生

一九九二年三月三日、国民投票の結果、セルビアとモンテネグロは新たにユーゴスラビア連邦共和国を発足させ、ユーゴスラビア社会主義共和国が崩壊した。四月、初のユーゴスラビア連邦共和国議会議員選挙が行われ、ミロシェビッチの率いるセルビア社会党が勝利した。ボスニア・ヘルツェゴビナの国内では政府とセルビア人対クロアチア人・ムスリム人の衝突が起こり、次第に全国的な武力衝突へと広がっていった。ミロシェビッチの率いるセルビアはセルビア人保護を理由に連邦軍をボスニアに派遣、武力衝突に介入した。

五月、サラエボでは四〇万の住民がセルビア人勢力による激しい攻撃にさらされ、食糧や水の供給が途絶えた危機的状況に陥った。サラエボの人々に食糧などを届けるには、どうすればいいか。緒方は援助物資の空輸を決断、国連難民高等弁務官事務所と多国籍軍による空からの援助物資輸送活動が七月三日から始まった。空輸開始から五日後、緒方は防弾チョッキ姿でサラエボ空港に降り立ち、砲弾の飛び交う中での空輸作戦の実態を視察した。

ボスニア紛争は停戦に合意のない状態が長い間続いたため、国連難民高等弁務官事務所の職員は、戦争のただなかで人道援助を行わなければならなかった。空輸開始から二か月後の九月五日には、援助物資を積んだイタリアの空輸機がサラエボの上空で撃墜され、乗組員四人が死亡する事件が発生、翌一〇月にはトラック運転手が襲撃され、死亡する事件も起こった。

一九九三年二月、セルビア勢力が、援助物資をスラブ系イスラム人の村へ運ぶ国連のトラックの運行を妨害した。これに怒ったスラブ系イスラム人側はセルビア勢力に対する非難を世界にアピールするため、サラエボ空港からサラエボの街までのルートを閉鎖した。緒方は人道援助を政治的に利用する行為に怒り、援助物資の輸送を一時停止させた。これは議論を呼び、結局、国連は援助を再開、妨害もなくなった。緒方は一一月、国連安全保障理事会で人道援助関係者の犠牲について、「中立の立場で行われる人道援助が政治の駆け引きや軍事的な利害によって絶えず妨害を受けているのです」と批判した。

「難民問題の解決には政治の強い意思が必要」

冷戦が終結した一九八九年以降今日まで、世界は混迷を深め、現代史上、類例のないほど難民や国内避難民が続出した。難民の主な発生地はイラク、ボスニア、ルワンダ、チェチェン、コソボ、東ティモール、アフガニスタン、シリア。冷戦終結当時、全世界で二千万人強だった難民と国内避難民の合計数は、二〇一九年時点で、三・五倍の約七〇八〇万人に増加した。難民総数の三分の二がシリア（六七〇万人）、アフガニスタン（二七〇万人）、南スーダン（二三〇万人）、ミャンマー（一一〇万人）、ソマリア（九〇万人）の五か国で発生している。

一方、難民を多く受け入れている国はトルコ三七〇万人（四年連続一位）、パキスタン一四〇万人（二位）、ウガンダ一二〇万人（三位）、スーダン、ドイツ（四位）である。世界の難民の八四パーセントを開発途上国が受け入れ、先進国は全体のわずか一六パーセントしか受け入れていない。

緒方は「国連難民高等弁務官事務所は人道機関。人道機関が本当に難民を救援しようとすれば、難民の緊急救援から機関、復興までを含めたすべてに関わる必要がある」と考えていた。緒方の考えに基づき、国連難民高等弁務官事務所は、これまで同事務所がやらなかった国内避難民クルド人の故郷であるイラク北部で建設資材を提供しての仮設住の建設や家の修築などの緊急復興事業に取り組んだ。イラク北部に米欧軍による「安全地帯」が設置されると、クルド人難民・国内避難民は続々そこに帰り始めた。その数はわずかな期間に一〇〇万人にのぼった。

緒方は『聞き書　緒方貞子回顧録』（岩波書店、二〇一五年）の中のインタビューで、在任十年の国連難民高等弁務官時代を振り返り、「難民問題の解決には政治の強い意思が必要」として、次のように述べている。

「難民は種々の紛争から生まれますが、それを加速させるのは政治の貧困です。しかし同時に、難民問題を本当の意味で解決するのも政治にしかできないことなのです。人道支援は、政治が解決を求めて動いてくれないと機能しません。いろいろ経験する中で痛感したのが政治との連携の重要性なのです。……真の問題解決には『政治の強い意思』がどうしても必要なのです。私は国連安保理には計一二回報告に行きましたが、深刻な政治問題であればあるほど、高度な政治的解決を必要とする。このことを安保理ひいては国際社会に強く訴えたかったのです」

難民の数が増え続ける一方で、国際社会の関心は年を追って低下し、必要な支援を行う予算が十分に組めない状況が続いている。日本からの寄付金も、近年著しく減少した。緒方はこれについて、「私はいま、非常に日本は内向きになっていると思います」と指摘した。

ヒューマンな生き方を貫いた緒方貞子

緒方は一九九三年一一月、国連難民高等弁務官に再選(任期五年)、一九九八年九月に三選(同一年)され、通算九年一〇か月間、数々の難局を乗り越えて世界の難民支援を指揮した。緒方は国連難民高等弁務官在任の一〇年間に、人命尊重の観点から初めて実施した国内避難民への支援を始め、難民キャンプの武装化、避難民の帰還後の復興事業への踏み込みなど数多くの新機軸を打ち出した。これらはすべて「人の生命を守ることが一番大事。従来の仕組みやルールがこれにそぐわないのなら、ルールや仕組みを変えればよい」という緒方の考え方に基づき実施されたもので、国連難民高等弁務官事務所の難民救済行政は緒方の在任一〇年間に大きく変わった。

緒方は著書『紛争と難民』の中で、「国連難民高等弁務官の仕事は世界中をめぐる『消防隊』のようなものだ」と書いている。彼女は新たな難民問題が発生すると、現場を訪れ、まず難民の声を聞いてから、地域の指導者たちと交渉した。交渉力と紛争の敵対勢力と向き合う能力は並外れていた。緒方の価値判断の根本は「ヒューマンであれ」。これを難民救済行政に当てはめれば、人命の尊重である。緒方は最も弱い立場の難民・避難民を救おうと、次々に新しい対策を打ち出していった。こうして緒方の難民高等弁務官在任一〇年間に何百万人という難民の命が救われ、故郷への帰還が果たされた。

緒方はコンゴ内戦の最中にも、難民高等弁務官として難民の生命を救うことができるなら、たとえ生命の危険があっても難民保護のためにとどまるべきだとの判断を示した。緒方は難民を一人の人間として人命を大切に考えたのである。

緒方は小柄ながら、困難な難民支援問題に毅然とした態度で立ち向かい、心の通う措置を取った。多くの国連職員や各国首脳は「五フィートの巨人」と称賛した。その優れた能力と前向きな姿勢を十年間も持続させたエネルギーの根源は何だったのか。緒方はこれについて、「人々の苦しみに接するたびに沸き上がった怒りと悲しみがこの仕事を続ける原動力でした」と述懐している。

一九九五年、緒方は米国の国立憲法センターからフィラデルフィア自由賞を受賞した。授賞に際し同センターは、「緒方氏は世界の難民のために働いた最も偉大な活動家。緒方氏以上に人道的な役割を果たし、未来への希望の偉大な象徴となった人物はいない」と賛辞を贈った。

緒方は二〇〇〇年一二月三一日、国連難民高等弁務官三期の任期を務め終えた。その後、乞われて二〇一三年一〇月一日から国際協力機構（ＪＩＣＡ）理事長に就任、九年近くＪＩＣＡ理事長として発展途上国支援に尽力した。緒方は「元気の源は何か」と聞かれ、「私がここまで続けてこられたのは、私たちの集団的な努力で、避難生活の恐怖や苦痛を、家族や友人の安全と結束に変えられると確信しているからだと思います。結局のところ、一番大事なのは人間です」、「私は、高等弁務官時代に大きなたたかい、難民の流出に遭遇しました。いちばん本質的には心の問題、傷ついた人たちがどう治っていくかでした。人間としては幸福を求めます」と答えた。

緒方は「一番大事なことは苦しんでいる人間を守り、彼らの苦しみを和らげることである」と著書『私の仕事』にも書いている。二〇一九年一〇月二九日、緒方は九二年の生涯を閉じた。モットーどおり「ヒューマン」な生き方だった。

3　黒人差別を撤廃させたキング牧師

バス・ボイコット運動を率いて勝利

マーティン・ルーサー・キング・ジュニアは一九二九年一月一五日、ジョージア州アトランタの黒人コミュニティで、バプテスト派のプロテスタント牧師マイケル・ルーサー・キングの息子として生まれた。一九四四年九月、キングは小学校から高校にかけて数回飛び級して一五歳でモアハウス・カレッジに入学。法律家と聖職のどちらを選ぶかで長い間迷ったが、結局、父と同じ聖職者の道を選び、牧師の資格を得た。四八年、同大学を卒業すると、ペンシルベニア州のクローザー神学校大学院に入学、さらに三年間神学を学び、五一年に卒業生総代となって、奨学金一二〇〇ドル授与の栄誉を得た。向学心に燃えるキングは、「人間の究極的本質は人格にある」とする人格主義の神学的立場を取るボストン大学神学部大学院教授エドガー・ブライトマンに就いて学ぼうと考え、同年、同大学院に進学した。在学中、コレッタ・スコット・キングと知り合って結婚した。

キングが牧師生活を歩み始めた頃、白人による黒人差別が米国全土を覆っていた。特に南部の多くの州では、奴隷解放宣言により奴隷制が廃止されたにもかかわらず、黒人が一般公共施設を利用することを禁止または制限する法律が制定されていた。これにより、特に学校やトイレ、プールなどの公共施設やバスなどの公共交通などで、白人用と非白人用の異なる施設を用いることが第二次世界大戦後も容認されたままであった。

キングがアラバマ州モンゴメリーに来て一年経った一九五五年一二月一日、この街で黒人女性、裁縫師ローザ・パークスがバス内で白人に席を譲らなかったために逮捕されるという事件が発生した。キングはこの事件に激しく抗議、バス・ボイコット運動を計画して運動の先頭に立った。以下にこの事件の顚末を追う。

ローザが乗り込んでから間もなく、バスは満席となった。そこへ白人が乗り込んで来ると、運転手が座っていたローザたち黒人に対して「席を譲れ！」と怒鳴った。運転手が黒人に席を譲るよう求めたのは、アラバマ州法とモンゴメリー市条例に定められていたからだった。規定によると、前の方にある白人専用席に黒人は座れない。白人専用席が満席になると、後方の席に座っていた黒人は白人に自席を譲らなくてはならない。しかし後方の席に座っていたローザは、運転手から席を譲るよう求められても席を立たなかった。このためローザはルールに従わないとして逮捕され、この日の午後、裁判にかけられた。ローザは無罪を訴えたが、有罪となり、直ちに上訴して人種隔離法の是非を国に問うた。

翌日朝、キングはローザ逮捕の事実を知り、黒人差別への抵抗を示すため、四日後に市バス乗車拒否運動を起こすことを決めた。黒人の乗客はバス乗客の七割に当たる一日約五万人。ボイコット運動初日の五日、キングが市バスの乗客数を調べると、黒人の姿は全くなかった。黒人たちはキングの呼びかけに応えて、ひたすら歩いていたのである。その日の午後の会合で、キングは「モンゴメリー改良教会」の会長に選出された。夜、ホールストリート・ストリート教会で開かれた大衆集会には約五〇〇〇人が集まり、乗車拒否を継続すべきか否かを討議したところ、満場一致で継続が決まった。キングは黒人牧師の助言を基に自家用車の相乗りを呼びかけ、黒人たちは相乗りによって移動するようになった。

バス乗車拒否開始から一一か月後の一九五六年一一月一三日、連邦最高裁判所は、バス車内の人種隔離を定めたアラバマ州法とモンゴメリー市条例を憲法違反とする判決を下した。連邦最高裁の実施命令を受けて一二月二〇日、大衆集会が開かれ、バス乗車ボイコット運動の終了を採決した。黒人たちの三八二日間にわたる乗車拒否運動は、画期的な勝利を手にした。

バス・ボイコット運動は、キングが黒人たちの道徳的な正当性をメディアを通して広く訴えかけたことで、世論の支持を得ることができた。これはキングが後に多用する「非暴力主義に基づく人種差別反対運動」の最初の成功例である。

この運動の成功によってバス・ボイコットは南部の各都市に広がり、公民権運動は米国全土で盛んになった。キングは公民権運動の有力なリーダーの一人となり、アトランタでバプテスト派教会の牧師をしながら全米各地を訪れ、公民権運動を指導した。翌五七年、キングは南部キリスト教指導者会議（ＳＣＬＣ）を結成、その会長となった。ローザ・パークスは、その後も公民権のための活動を続け、今日、「公民権運動の母」として知られている。

ガンディーの非暴力主義を適用

キングはボストン大学大学院時代の一九五〇年春、黒人名門大学ハワード大学学長モーデカイ・ジョンソンから、インド独立の父ガンディーの非暴力主義に関する講演を聞いて感銘を受けた。マハトマ・ガンディーは非暴力主義の理念で独立運動を指導し、三億九〇〇〇万人の自由を非暴力的に獲得する事業を成し遂げた人物である。ガンディーが編み出した非暴力主義の思想と手法は、アジア、中南米、アフリカの諸国で植民地解放運動や人権運動、人種差別反対運動でも用いられ、世界中に大きな影響を与えた。ジョンソンは前年、インドを訪れ、ガンディー主義者と対話し、講演の中でガンディーが非暴力の実際の独立運動に適用した実例を紹介した。

ジョンソンの講演を聴いて感動したキングは、非暴力が社会変革にとって大きな力になることを知って、非暴力を黒人差別反対運動に取り入れようと考えた。イエス・キリストが自らを十字架で犠牲として捧げることによって、贖罪がなされたと『新約聖書』で説かれている。これも非暴力主義と無関係ではないだろう。キングはこう考えて、人種差別反対運動を通じて自らの非暴力主義を練り上げ、たとえ白人たちが自分たちに暴力を振るい、自分たちの間に怪我人や死者が出ても、暴力によって報復しないという理念に仕立てた。そして、キングはガンディーの運動を基に、米国の黒人を救うには、まずは黒人自らが立ち上がり、団結して行動する必要があることを確認、その行動の拠点を教会に置くこととした。

非暴力についてより詳しく知るため、キングはガンディーに関する本を買い集め、ひととおり知識を蓄えると、一九五九年二月二日から三月九日まで妻コレッタとともにインドへ旅行に行き、ガンディー主義者たちからガンディーの思想や態度、思考様式などについて直接聞いた。彼らの話では、ガンディーは驚くべき自己批判能力を持っていて、間違いを犯した時には、独立闘争における決断のような大きな問題でも、またたとえ個人的生活の問題であっても、公式の場に出てきて「私は間違っていた」と告白し、自己批判したという。

暴力的な運動には通常、憎悪と怨恨が残るものだが、キングはガンディーの非暴力的抵抗の後にはそれがどこにも見当たらないことを発見した。キングはこれについて、「暴力への道は生き残った者の心に怨恨を、破壊者の心に残虐性をもたらす。だが非暴力への道は贖いと、愛の共同体の創出をもたらす」と語っている。キングはインドの旅を通じて、ガンディーが独立運動を成功に導くことができたのは、人々がガンディーの絶対的な誠実さと絶対的な献身的態度を愛し、彼に従ったからに違いないと考えるようになり、ガンディーの非暴力主義による抵抗こそ、被抑圧民衆が自由を獲得する戦いにおいて用いる最も有力な武器であると確信した。そして彼はガンディーの非暴力主義という貴重な武器を自国の公民権運動に適用することを決め、インドを後にした。

暴力的対応に終始したバーミンガム警察

一九六三年一月、キングを議長とする「南部キリスト教指導会議」(SCLC)は、次の闘争地として、黒人が人口の七割を占めているにもかかわらず、人種差別のひどい都市と定評のあるアラバマ州バーミンガム市を選んだ。当時、この街では学校、駅、病院などの公共施設では人種による使用が厳格に区別され、デパートの水飲み場や洗面所には「白人用」と「有色人用」という表示が掲げられていた。米国南部諸州では、黒人の一般公共施設利用の禁止または制限は「ジム・クロウ法」という州法に基づいて実施されていた。新たに当選したアラバマ州知事ジョージ・ウォーレスは人種隔離の徹底を宣言する人種差別主義者であり、バーミンガム市警察署長(公安委員長)ブル・コナーは「雄牛」のあだ名を持つ強硬派である。バーミンガムでデモ行進が行われれば、市側が暴力を振るって弾圧する公算が大きい。

バーミンガムでは、公共施設利用面の人種差別的な禁止や制限だけでなく、公民権指導者の家や黒人教会の建物に爆弾が投げ込まれ、迷宮入りとなった事件も一七件にのぼっており、米国の南部でも最も人種差別の激しい都市として知られていた。キングらSCLCの指導者たちは、敢えてこのバーミンガムでメディアを味方につけて非暴力主義で闘うことを決めた。リンカーン大統領が奴隷解放宣言を発布してから一〇〇周年という節目の年に、人種差別の激しいバーミンガムで差別撤廃運動を闘い取ろうという意気込みである。

一九六三年四月六日の抗議運動開始前にバーミンガムの教会で開いた大衆集会では、抗議デモへの参加志望者が続々名乗り出た。キングはデモ参加者に対し、一切抵抗しないよう誓約までさせて非暴力を徹底させた。キング率いる運動家たちは、この運動で全ての人種に雇用機会を与え、公共施設やレストラン、店舗における人種差別を終わらせるために、非暴力の座り込み抗議運動とデモ行進によって企業家に圧力をかける戦術を用いた。

五月二日、デモ行進隊が「We shall overcome」（われら打ち勝たん）を歌いながらバーミンガムのダウンタウンへ向けて出発したとき、警察署長ブル・コナーはデモ隊に向かって「止まれ」と命令した。デモそのものを中止させたいのだ。デモ隊が命令を無視すると、コナーは「やれ！」と命じた。消防隊が消火栓を抜き、強烈な水圧の放水をデモ隊に向けた。デモに参加していた子どもたちは路上になぎ倒された。次いで警官が紐につないだ警察犬に丸腰の黒人を襲わせた。けし掛けられた警察犬はうなり声をあげながら黒人に飛びかかり、衣服を喰いちぎった。警官たちは、さらに警棒でデモ参加者を滅多打ちした。この日の逮捕者は六〇〇人を数えた。

一人の白人ジャーナリストが警察犬に黒人を襲わせる残忍な行為を写真に撮り、これがテレビや新聞で報じられた。世論は市側の暴力的な対応に強く反発し、非難・抗議の声をあげた。警察の残忍な行為は外国のテレビでも放映された。当時、冷戦で対立関係にあったソ連でも政府機関紙が白人が黒人を奴隷のように鎖でつないだ絵を掲載、「これが民主主義国家の成れの果て」と批判した。

同日夜、バーミンガムのキングの弟の家に爆弾が投げ込まれ、弟が爆発による街の騒動と混乱の模様をキングに電話で知らせた。運動の担い手たちはそれを知り、再び「We shall overcome」を合唱した。キングは後に「弟が伝える電話からその美しい歌声が漏れ伝わってきた」と著書に書いている。キングの弟の家の損壊により、黒人の怒りは募り、白人と黒人の衝突は一層激化した。警察は翌日も警察犬と放水車を用いてデモ隊を排除し、連日の逮捕でバーミンガムの留置場は超満員になった。

一方、警察署長ブル・コナーは裁判所からデモ禁止令を引き出し、キングらに従うよう通知した。しかしキングは「デモの禁止は非民主主義的で、憲法違反。われわれは不正な法に従うわけにはいかない」と拒否した。四月一二日、キングと運動家のアバナシーが先頭に立って繁華街近くをデモ行進中、ブル・コナーが二人に対し逮捕状を出し、二人は市警に逮捕され、拘置所の独居房に投獄された。しかし公民権運動家でもある歌手のハリー・ベラフォンテが保釈金を支払い、キングは五月一〇日に釈放される。

五月二〇日、連邦最高裁がバーミンガムの人種隔離法を違法と裁定した。二二日、連邦地方裁判所判事がバーミンガム教育委員会の立場を支持し、二人の黒人のアラバマ大学入学許可を命じたが、第五巡回控訴審判事エルバート・P・タトルは同じ日に、その地方裁判事の判決を覆し、同教育委員会の行動を強く批判した。キングら公民権運動側は、この第五巡回控訴審判事の判決を喜び、判決が出た日に大きな大衆集会を開いた。翌二三日、アラバマ州最高裁は公安委員長兼警察署長ブル・コーナーと同僚の行政委員たちを職務から外すと裁定した。

ケネディ大統領の指示で進んだ差別撤廃の法案づくり

一九六三年、アラバマ州知事ウォーレスはアラバマ大学の入口に立ち、連邦裁判所命令を「州権への不当介入」と非難して拒否し、州兵を動員してアラバマ大学への黒人学生の入学を阻止しようとした。これに対しケネディ大統領は、アラバマ州軍を連邦軍に編入したうえでアラバマ大学に派遣、六月一一日、二人の黒人を入学させた。これを機に、それまで「公民権法の一九六三年度棚上げやむなし」と明言していたケネディが同法の優先性を認識、政府部内の反対を押しきって公民権法案の積極的な作成を命じた。そしてラジオとテレビを通じて、次のように人種分離廃止の必要性を訴えた。

「我々は国家として道徳的危機に直面しています。リンカーンが奴隷を解放してから一〇〇年の時が経過していますが、その子孫は社会的・経済的圧迫から解放されていません。国民全部が自由になるまでアメリカは完全に自由な国家とは言えません。今や、政府はすべてのアメリカ人の平等のために、あらゆる面で行動すべき時です」

ケネディ大統領のテレビ演説の翌日、ミシシッピーの公民権活動家メドガー・エヴァーズが自宅前で待ち伏せしていた白人暴徒に射殺される事件が発生、黒人たちの結束は強まった。葬儀には二万五〇〇〇人が参加したという。白人の暴力による黒人の死について、キングは「これはイエスの十字架の死と同じ、贖いの死である」と語った。キングは日頃、非暴力主義はキリスト教の原点であるイエスの十字架に根ざしていると考えていた。

公民権法案の作成作業はケネディ大統領が作成を急がせたために急ピッチで進み、法案の内容も、これまでで最も徹底した黒人差別撤廃が盛り込まれた。六月一九日、「一九六三年公民権法案」が出来上がり、議会に上程された。この日、人種差別主義者の警察署長コナーは免職となり、人種差別的な米国南部諸州の州法「ジム・クロウ法」に基づく人種差別的な公共施設利用の禁止・制限標識は取り外された。

黒人の非暴力デモは四月初めから六月半ばまでの二か月半に全米の一八六都市で七五八件も発生し、一万四七三三人が逮捕されたが、世論は黒人側に味方した。また、全国の黒人団体がかつてない団結を示してキング牧師たちの南部キリスト教指導者会議（ＳＣＬＣ）の運動を支援した。バーミンガムの人種差別反対運動は市内の人種隔離撤廃を勝ち取っただけでなく、全国の人種隔離制度そのものを崩壊に導く要因となったのである。

二五万群衆を沸かせた大行進演説

バーミンガムでの人種差別反対運動が成果を収めると、公民権運動を導いてきた黒人運動の大長老Ａ・フィリップ・ランドルフ（元米国労働総同盟産別会議副議長）が、リンカーンの奴隷解放宣言一〇〇年を記念する大行進・大集会「雇用と自由のためのワシントン大行進」を一

ワシントン行進の群集に「私には夢がある」という歴史的な演説をするマーティン・ルーサー・キング牧師。

九六三年八月二八日に実施することを企画した。これまでに、この種の全国的規模の大集会を開いた前例はなかった。

二八日には大行進参加者が全米各地から列車や貸切りバスで続々ワシントンに集結、その数は二五万人に膨れ上がり、米国史上最大規模の政治デモとなった。参加者二五万人のうち、少なくとも五万人は白人だった。このワシントン大行進には、人権運動家ローザ・パークス、ゴスペル歌手マヘリア・ジャクソン、俳優・社会運動家チャールストン・ヘストン、歌手・俳優・社会活動家ハリー・ベラフォンテ、歌手ボブ・ディラン、「二〇世紀最高の俳優」と評されているマーロン・ブランド、ジャズ歌手・女優・ダンサーのジョセフィン・ベーカー、ベトナム反戦のメッセージを全世界に送り出したフォーク・グループのピーター・ポール&マリーなど国内外の多くの芸能人や文化人、反人種差別活動家などの著名人が参加した。

キングはワシントン大行進でアブラハム・リンカーンの石造り記念堂前の広場に集まった大

群衆を前に「私には夢がある」と題する演説を行った。この演説は「今から一〇〇年前、一人の偉大なアメリカ人が奴隷解放宣言に署名しました」という言葉で始まった。キングは米国の独立宣言（一七七六年）と合衆国憲法（一七八七年）の作成を約束手形の署名にたとえ、「この約束手形は、すべての人々は白人と同じく黒人も生命、自由、幸福の追求という不可侵の権利を保証される約束だったのに、リンカーンの奴隷解放宣言（一八六二年）から一〇〇年を経た今、米国が少なくとも有色の米国民に対しては、この約束手形の支払いを履行していないことは明らかです。今こそ、民主主義の約束を履行すべき時なのです」と指摘し、人種差別の撤廃、白人と黒人の協和を訴えた。

またキングは「全ての人々は肌の色で評価されることなく、人間の中身で判断されなければならない」と宣言した。このあと、キングは次のように演説した。

われわれは今日も明日も困難に直面するが、それでもわたしには夢がある。それは、アメリカン・ドリームに深く根差した夢である。

私には夢がある。それは、いつの日か、この国が立ち上がり、「すべての国は平等につくられているということは自明の真実であると考える」というこの国の信条を、真の意味で実現させるという夢である。

私には夢がある。それは、いつの日か、ジョージアの赤土の丘で、かつての奴隷の息子たちとかつての奴隷所有者の息子たちが、兄弟として同じテーブルに着くという夢である。

私には夢がある。それは、いつの日か、不正と抑圧の炎熱で焼けつかんばかりの砂漠の州、ミシシッピーでさえ、自由と正義のオアシスに変身するという夢である。

私には夢がある。それは、いつの日か、わたしの四人の幼い子どもたちが肌の色によってではなく、その人格の深さによって評価される国に住む時がくるという夢である。

私たちがすべての町や村、すべての州や都市から自由の鐘を鳴り響かせる時、その時こそ黒人も白人も、ユダヤ人も異教徒も、プロテスタントもカトリックも、すべての神の子たちが手に手を取って、あの古い黒人霊歌を口ずさむことができるのです。

神さま、ありがとう。私たちはとうとう自由になった！　と。


万雷の拍手と歓声が長く続いた。リンカーン記念堂前広場を埋めた二五万の群衆はキングの名演説に沸き、ワシントン大行進の催しは大成功を収めた。

運動が勝ち取った公民権法と投票権法

キングを先頭に行われた一連の運動の結果、アフリカ系アメリカ人の公民権運動が活発化し、国内の世論が徐々に盛り上がっていった。大統領ケネディは、これを受けて一九六三年二月、人種差別を禁ずる公民権法案を議会に提出、制定を求めた。同年一一月二二日、ダラス市内を遊説中の大統領ケネディが銃撃され、死亡する事件が発生した。キングは自宅のテレビで暗殺の報に接し、大きな衝撃を受け、コレッタに「これは、じきに僕にも起こるよ。僕も四〇歳までは生きられないだろうな」とつぶやくように言った。ケネディ暗殺で直感し発したこの言葉は、四年三か月後に現実のものとなる。

ケネディの死後、副大統領リンドン・ジョンソンが大統領に昇格して就任した。ジョンソンは南部出身だが、人種差別に否定的な立場。一九六四年一月八日の一般教書演説で公民権法案の早期成立を最優先する姿勢を表明、法案の集中的審議を促した。これを受けて下院は七〇日間以上にわたり公聴会を開催、二七五人が証言した。この法案が下院を通過し、上院に回されると、修正案が五〇〇回も提出され、南部議員から五七日間もの議事妨害（フィリバスター）を受けた。ジョンソンは公民権法案を退けようとする上院内勢力の克服を目指してねばり強く取り組み、民主党・共和党の北部議員による超党派の協力を得た。こうして一九六四年六月一〇日、討論終結が投票にかけられ、七一対二九で可決。七月二日、公民権法が合衆国連邦議会で成立した。同法は一一条からなり、職場、公共施設、連邦から助成金を得る機関、選挙人登録における差別、分離教育を禁じている。公民権法の制定はアフリカ系米国人の公民権を確立、保護、行使する上で極めて重要な手段となった。

人種差別をなくす公民権法が制定されても、黒人が投票権を持たなければ政治的な権限を行使できず、民主主義体制の確立に課題を残す。当時、米国南部のアフリカ系米国人は、政治に参加する基本的な権利である投票権が与えられていなかった。米国では選挙のたびに登録しなければ、投票できない決まりになっている。キングは公民権法の制定後、達成すべき目標に投票権法の制定を掲げ、一九六四年六月、人種差別の激しいミシシッピーに乗り込み、投票権者登録運動を進めた。運動の結果、一万七〇〇〇人の黒人住民が有権者登録を試みたことは成果だったが、登録できたのはその一割弱にとどまった。この登録運動により、殺害者六人、負傷者八〇人、逮捕者一〇〇〇人、爆破された建物は黒人教会三七と黒人の住宅三一戸を数えた。支払った代償は実に大きかった。

一〇月、キングは身も心も疲れ切り、妻コレッタの勧めでアトランタの病院に入院した。入院した日の朝九時、コレッタは記者から「キング牧師が一九六四年度のノーベル平和賞を受賞するという知らせをたった今、受けました」という電話を受け、入院中のキングにそのことを伝えた。キングは公民権運動に対する多大な貢献が評価され、一二月一〇日、一九六四年度のノーベル平和賞を授与された。受賞理由は「アメリカ合衆国における人種偏見を終わらせるための非暴力抵抗運動」だった。

一九六五年二月、デモ行進中の若い黒人男性ジミー・ジャクソンが警官に射殺される事件が発生した。黒人たち約六〇〇人は射殺に対する抗議と有権者登録における人種差別反対を訴えて、三月七日、アラバマ州セルマから二列縦隊でデモ行進を始めた。目的地はモンゴメリーの州議会議事堂である。州都モンゴメリーに向かって行進中の一行がエドマンド・ペタス橋に差し掛かったとき、州兵や地元保安官、民間人が催涙ガスや警棒を使って攻撃を始めた。いわゆる「血の日曜日事件」の発生である。行進参加者はこの暴力的行為により、セルマに引き返さざるを得なかった。約二〇〇〇人の行進隊がキングを先頭に来た道を引き返した。

その日の夜、ボストンから支援に来た白人牧師ジェームズ・リーブが白人暴徒に棍棒で頭を殴られ、二日後に死亡した。この事件の発生によって、投票権法案の成立が緊急の課題となり、ジョンソン大統領は三月一五日に緊急に投票権法案を議会に提出、遅滞なき成立を要請した。投票権における人種差別は、すでに合衆国憲法修正第一五条で禁止されていたが、南部六州と数州の郡では、関係者が組織的に黒人から権利を奪っていたため、連邦政府が読み書きなどの資格試験を実施して、有権者登録手続きを管理することを認める投票権法を制定しようというものである。

三月二一日、黒人と白人からなる八〇〇〇人の行進隊がセルマを出発、野宿しながら五日目の二五日にモンゴメリーに無事到着した。アラバマ州議事堂前には行進隊を迎える二万五〇〇〇人で埋まった。挨拶に立ったキングが過去十年の公民権運動の足跡を振り返り、「いかなる人種主義も私たちを止めることはできない。困難は依然あるが、勝利まで間もなくだ」と力強く演説すると、聴衆から盛んな拍手が起こった。

八月六日、連邦議会は投票権法を可決、ジョンソン大統領がキングやジョン・ルイスなど公民権運動の指導者が立ち会う中、署名して同法が成立した。

キングらが指導し、成果を収めた数々の人種差別反対運動は、一九六四年公民権法と一九六五年投票権法という二つの重要な法律制定の基盤となった。この二法が制定されるためには、困難な人種差別反対運動の積み重ねと地道な世論形成が必要不可欠だった。この二法の制定を最終目標に掲げて運動を進めたキングの戦略は成功した。公民権法と投票権法の成立により、一八〇年前、合衆国憲法に掲げられながら一部のアメリカ国民にしか保障されてこなかった自由、平等の権利が、人種を問わず、すべてのアメリカ国民に保障されることになり、法の上における人種差別が終わりを告げた。

ベトナム戦争反対運動を決意

キングがベトナム反戦を闘いのターゲットと心に決めたのは、一九六七年一月、『黒人の進む道』を書くため、休暇を取ってジャマイカに滞在していたときだった。「ベトナムの子供たち」と題する記事を読んで衝撃を受け、スタッフに「ベトナム戦争の問題で沈黙はすまい」、「私は心底、アメリカは間違っていると思っている」との決心を表明した。アメリカからベトナム戦争の前線に出ていく兵士の死者数が激増し、国内では黒人、貧困層の失業数が増加していた。キングにとって、ベトナム戦争は貧しい者の敵に思われたのである。

一九六七年春頃、米兵、民間人、ベトナム兵の死者数が驚異的レベルにまで増加し、軍事費の増大による米国民への税負担の増大もあり、世論の過半数が米国のベトナム戦争関与に反対するようになった。キングは考えた。自分は公民権運動の指導者であるとともに、牧師である。したがって、戦争政策の道徳的根拠はどうでもよいことでは決してない。公民権運動全体を通して正義の問題に関わってきたように、この不正な戦争を、手をこまぬいて傍観してはならない。

一九六七年四月四日、キングはニューヨークのリヴァーサイド教会で、牧師と信徒の聴衆三〇〇〇人を前に、ベトナム反戦史に残る大演説「ベトナムを越えて」を行った。五五分間の演説の中で、キングはベトナム戦争に反対する理由として、①貧困との戦いの破綻、②米兵の戦死者数の増加、③アメリカの政治・社会にもたらしているさまざまな弊害や人々の生活への悪影響、④ベトナム民衆の犠牲者の増加――などを挙げて米国政府を容赦なく批判、この悲劇的な戦争に終止符を打つよう訴えた。このベトナム反戦演説により、キングは米国政府の支配システムそのものと対決する道へ大きく一歩、踏み出した。

ジョンソン大統領はキングのベトナム反戦演説に激怒し、公民権法や投票権法制定当時の蜜月から一転、キング敵視に転じた。かねてキングを危険分子としてスパイ活動や監視・盗聴、嫌がらせ、脅迫を続けてきた米国連邦捜査局（ＦＢＩ）長官のフーバーは、それ見たことかとばかり、「キングはわが国を蝕もうと企てる破壊活動勢力の手先である」とのコメントをジョンソン大統領に伝えた。

キング牧師の暗殺とベトナム戦争終結

「ベトナムを越えて」の演説後、キングはメンフィス市のロレイン・モーテルで今後の抗議活動について友人たちと話し合いの途中、心身をリラックスさせようとバルコニーに出た。その時、すぐ近くのアパートの屋上から、ジェームズ・アール・レイという名の白人男性に狙い撃ちされた。銃弾は首に当たり、キングは一時間後に病院で死亡した。三九歳の若さだった。レイは強盗や詐欺を繰り返して刑務所に送られ、脱走した脱走犯。事件後は国外に逃亡し、数か月後、ロンドンのヒースロー空港で逮捕され、裁判にかけられたが、犯行を否認したまま禁錮九九年の判決を受けた。

キングの死は世界中の人々に大きな衝撃を与えた。敬愛するキングの暗殺に怒った黒人たちの暴動が一週間のうちにワシントンDCを始め一二五都市で発生、四六人が死亡、三五〇〇人が負傷、約二万人が逮捕された。暴動は、キングの唱え続けてきた非暴力主義の理念が葬り去られたかと思わせるほど激しかった。四月九日、アトランタで行なわれたキングの葬儀には葬列の人の波が全市を埋めた。亡骸はキングの故郷ジョージア州アトランタに埋葬された。

キング暗殺から一一年経った一九七九年に「米下院暗殺調査特別委員会」が出した報告書には、政府機関はキング暗殺と無関係と書かれている。キングの妻コレッタとキング家は一九九九年一二月、レイの背後関係などの真実を突き止めようと民事訴訟を起こし、陪審員たちはキング家の主張を支持したが、その真相は未だに不明である。

ベトナム戦争は一九六〇年から七三年までの一三年間戦われ、米国の動員兵士数は延べ二五〇万人以上、戦死者は五万八七一八人、行方不明者約二〇〇〇人。南北ベトナム人の死者は実に二一〇万人、避難民は五〇〇万人。ベトナム戦争には参戦の正当性が見いだされず、説得力を持つ大義名分がない。米国はベトナム戦争のために多くの尊い人命、巨費、資源を失い、戦争反対の大きな世論をつくり出したうえに、歴史上初めて戦争に完敗した。一九七三年一月、米国はベトナム平和協定を結んで米軍全面撤退を発表し、七五年に撤退を完了した。ベトナム戦争は五万数千もの米国の若者を無益な死に追いやってきただけでなく、米国の国力を浪費し、貧困者を増やす原因になった。キングは一刻も早く、戦争をやめて米国を正しい軌道に戻らせなければならないと考え、周囲の反対を押し切って反戦運動に身を投じた。

米国では人種差別撤廃のためにキングが果たした偉業と栄誉を称え、一九八六年にキングの誕生日（一月一五日）に近い毎年一月第三月曜日を「キング牧師記念日」と名付け、祝日とした。米国で生前の業績から祝日が制定された故人は、他にクリストファー・コロンブスとジョージ・ワシントン、エイブラハム・リンカーンの三人だけである。キングは生前、「人は兄弟姉妹として共に生きていく術を学ばなければならない。さもなければ、私たちは愚か者として滅びるだろう」と言った。日本の公立中学校三年の英語教科書に公民権運動に携わった時期及び凶弾に倒れた際の話が教材として使われ、文章の最後にこの言葉が載った。

4　ベルリンの壁崩壊の陰にフューラー牧師

ニコライ教会が核戦争不安派や社会改良派の学びの場に

ベルリンに次ぐ東ドイツ第二の大都市、ライプツィヒ。ザクセン州最大の、歴史の古いこの街で最初につくられたのが、ニコライ教会（一一六五年創建）である。マルティン・ルター（一四八三〜一五四六年）によってライプツィヒに宗教改革が導入されると、ニコライ教会はプロテスタント派の中央教会として発展した。楽聖ヨハン・セバスティアン・バッハ（一六八五〜一八五〇年）が、ここで「ヨハネ受難曲」や「イエスよ、わが喜び」を初演した。

こんな由緒のあるニコライ教会に、一九八〇年頃から核戦争勃発に不安を抱く若者たちが集まり始めた。集まって来た若者たちは、牧師クリスチャン・フューラー（当時四六歳）に対し、核兵器配備による核戦争勃発への不安を訴え、「毎週、平和への祈りを行なってください」と要望した。フューラーが教会組織委員会に諮ると、委員会はその要望を受け入れ、同教会は一九八二年九月二〇日から毎週月曜日に定期的に「東西の軍拡競争に反対する平和の祈り」（略称、平和の祈り）を捧げ始めた。フューラーは後に「抑圧された人々が自由に語り合うことができる場所として、この場所を提供しました。ここから何が生まれるか、誰にもわからなかった」と語っている。

一九七〇年代後半から八〇年代にかけて米国とソ連の超大国間の冷戦は激化の一途をたどり、米国は西ドイツに中性子爆弾、ソ連は東欧諸国に中距離ミサイル「SS20」をそれぞれ配備する計画を推し進めた。北大西洋条約機構（NATO）はソ連に対し「SS20」などの欧州配備に関する米ソ交渉にソ連が応じるよう求めたが、ソ連は応じる気配がない。そこでNATOは一九七九年一二月、閣僚理事会を開き、①ソ連が中距離核ミサイルの欧州配備に制限を設ける米ソ交渉に応じなければ、NATOは欧州五か国に巡航ミサイルを四六四基、西ドイツに中距離核ミサイル「パーシングⅡ型」を一〇八基配備する、②ソ連の中距離核ミサイルの東欧配備によってヨーロッパに生じた東西核戦力の不均衡を是正するために、ソ連との軍縮交渉を同時に進める――という二つの重要な決定をした。いわゆる「NATOの二重決定」である。

一九八三年一一月二二日、西ドイツのキリスト教民主・社会同盟と自由民主党の連立政権（首相、コール）は連邦議会での多数をたのみ、米国製中距離核ミサイル「パーシングⅡ型」一〇八基と巡航ミサイル九六基の西ドイツへの配備を決定した。

もし核戦争が勃発すれば、二つの軍事ブロックのはざまにある東西両ドイツは間違いなく全滅するという不安が、当時人々の頭上に重くのしかかっていた。ニコライ教会に「平和の祈り」を要望した若者も、いつ核戦争が勃発するかわからないという不安にさいなまれていたのだろう。「平和の祈り」に集う市民たちは祈りの後、平和・安全の保持だけでなく、大気や河

「平和の祈り」と社会問題などの議論が行なわれたニコライ教会。教会前の広場の一角に立つのは教会内のシュロの列柱をかたどった「ニコライ記念柱」。その土台には1989年10月9日の日付と7万人デモに参加した人々の足跡を刻んだレリーフが埋め込まれている。（筆者撮影）

川の水質、土壌の汚染などの環境問題を始め、集会・言論の自由、旅行の自由、人権擁護、兵役拒否者の支援・保護などの問題について、自由闊達に議論し合った。

当時、東ドイツは、エーリッヒ・ホーネッカー国家評議会議長兼書記長のもと、秘密警察（シュタージ）を使って国民を監視する体制を築いていた。そんな監視国家の東ドイツで、キリスト者の集まる教会は国民が当局の許可を得ることなく集まり、政治や社会問題について自由に議論し合える唯一の公共の場所だった。これは、東ドイツでは信仰の自由が憲法で保障されていたからである。

信仰の自由が保障されてはいても、東ドイツ政府は教会の影響力を抑えようとしていた。若者がキリスト教信仰を公言することは大学進学や国家公務員のキャリアコースを歩む可能性が制約される恐れもあった。このため東ドイツで何らかのキリスト教会に属していた人の数は一九四九年時点の九二パーセントから一九八八年時点では国民の四割（約六六〇万人）に減っていた。

キリスト教の信仰を持つ人の数は減少しても、東ドイツでもキリスト教会は伝統的に地域と人々の精神生活に密着していた。教会に所属していない人でも、政治や社会問題に関心を持つ人たちは教会が政治や社会問題について自由に議論し合える特恵的な場所であることをよく知っていて、自由に出入りした。毎週月曜日の夕方、ニコライ教会で開かれる「平和の祈り」の参加者は週を追って増え、椅子に座れない人は床の上で政治・社会問題を熱っぽく議論し合った。参加者は、その独特な雰囲気から大きな刺激を受け、得難い情報、有益な知識も得て、次第に気概のある改革派に育っていった。

政府の選挙結果虚偽発表に怒る市民

一九八九年五月七日、東ドイツでは五年に一度の全国統一地方選挙が行われた。東ドイツの選挙は複数の政党から立候補する制度だが、実態はホーネッカー率いる社会主義統一党が議席配分を決め、投票によってその賛否を問うという形式的なものだった。このため、賛成率は毎回ほぼ一〇〇パーセントと発表された。ニコライ教会の「平和の祈り」グループは、このことに疑問を持ち、手分けして全国各地の投票所と連絡を取り、秘密裏に投票所ごとの得票を反対票と賛成票に分けて集計した。その結果、反対票と賛成票の差が、多いところでは二〇パーセント近くあることがわかった。

しかし社会主義統一党の若手実力者クレンツ政治局員は、やはり選挙結果を改ざんして次のように発表した。

「今回の議席配分の賛成は一二一八万二〇五〇票。全有権者の九八・八五パーセントでした。議員となる皆さんは国民の信頼に応えてください」

これに対し、市民グループは独自の集計結果を公表した。当局の発表との違いは歴然としていた。当局の選挙結果の歪曲について西側の報道機関を通じて知った東ドイツ国民は、社会主義統一党が選挙結果を大きく捻じ曲げた行為に怒り、一二日、同党に抗議した。東ベルリンの市民団体は、この虚偽発表の行なわれた七日には毎月、アレクサンダー・プラッツで抗議デモを行うことにした。

改ざんされた選挙結果を発表したクレンツ政治局員（後の党書記長）は、ホーネッカー党書記長兼国家評議会議長直属で、政権の治安担当書記という要職にある若手実力者である。彼はホーネッカーがライプツィヒ・デモの弾圧命令を出した時、治安部隊が銃を使用できないよう密かに措置するなど市民サイドの政治姿勢を持つ政治家だが、これまで長年、ホーネッカーの政策をその意図に従って執行してきたやり手でもある。「平和の祈り」グループの調査でクレンツの虚偽発表が明らかになると、市民はクレンツと党を強く批判し、それまで党を比較的信頼していた人々も「裏切られた」という思いを抱くようになった。

ハンガリーの支援で一三万人が西ドイツへ脱出

東ドイツではホーネッカーが一九六一年のベルリンの壁建設後、旅行の自由、移動の自由を求める国民の声が聞き入れられず、国民の間に不満が鬱積していた。一九八九年夏頃になると、東ヨーロッパ諸国にある西ドイツ大使館や代表部に行って出国許可を申請する東ドイツ市民が急増した。これに着目したのが、一九八八年一一月にハンガリーの首相に就任したハンガリー社会主義労働者党の改革派に属するネーメト・ミクローシュである。彼はソ連共産党書記長ミハイル・ゴルバチョフ（一九八五年三月就任）が一九八八年、ペレストロイカ（改革）とグラスノスチ（情報公開）の政策を導入、政治制度の民主化や情報公開の面で改善が見られたことを評価、翌一九八九年三月、ゴルバチョフをモスクワに訪ね、オーストリアとハンガリーの国境に張りめぐらされている鉄条網を撤去する決意を伝えた。ネーメトがこの政策をどう思うかと尋ねると、ゴルバチョフは「ソ連があなたの計画を妨げるようなことはない」と言って、ネーメトを激励した。

これに勇気づけられたネーメトは五月二五日、ホルン外相とともに西ドイツを訪れ、ヘルムート・コール首相、ハンス・ゲンシャー外相と極秘に会談した。ネーメトがオーストリア国境の鉄条網撤去計画を打ち明けると、コールは心からの謝意を表明し、直ちに五億マルクの緊急融資を申し出た。こうしてお膳立てが整うと、ハンガリー政府は鉄条網を撤去し、八月一九日、ハンガリーのオーストリア国境沿いのショプロンで開かれた民間団体主催の「ピクニック計画」に参加していた東ドイツ市民数千人のうち、約三〇〇〇人をオーストリアに逃がした。このニュースが報道されると、大量の東ドイツ市民がハンガリーの西ドイツ大使館に押し寄せ、西ドイツへの移住を申請した。プラハ、ワルシャワの西ドイツ大使館や代表部にも殺到した。

八月三一日、ハンガリーのホルン外相は東ドイツのフィッシャー外相を訪ね、「難民はあなた方の政府を信用していない」と言い、ハンガリー政府は数日中に難民を西側に行かせる予定であることを伝えると、フィッシャーは激怒した。この直後、東ドイツはワルシャワ条約機構加盟国外相会議を開催してハンガリーに圧力をかけようとしたが、肝心のソ連は会議に不参加、ポーランドは東ドイツの意図を拒否すると連絡してきた。結局、東ドイツのハンガリー非難のもくろみは実らなかった。

九月一一日、ハンガリー政府は鉄条網を撤去した国境から再び東ドイツ市民の脱出を支援、三日間に一万五〇〇〇人がオーストリアを経由して西ドイツに入った。一方、プラハの西ドイツ大使館の敷地には九月末時点で、東ドイツ市民約六〇〇〇人が寝泊まりして出国許可を待っていた。ホーネッカーは東ドイツ市民の国外流出を食い止めようとして、チェコスロバキアとの国境を閉鎖した。しかし、移住を力で抑え込むホーネッカーの頑ななやり方は、市民のさらなる反発を招いた。結局、ハンガリー政府は九月初めから一一月末までの三か月間に二二万九〇〇〇人の東ドイツ市民を西側に脱出させた。二〇代、三〇代の若手労働力の大量国外流出は、東ドイツの経済にとって打撃となった。

「月曜デモ」参加者が七万人に増える

ニコライ教会の市民グループは政権側の選挙結果の改ざんに東ドイツの危機を読み取り、一つの行動を起こすことを決断した。それは七月四日、月曜日の「平和の祈り」の後、教会を出て街頭をデモ行進することである。デモは初め、数十人と小規模だった。デモ参加者たちの思想・信条は様々だったが、総じて、東ドイツを自分たちの手で、もっと自由のある社会主義に変えていくことを願っていた。この頃、東ドイツの政治体制そのものの変革や東西ドイツの統一まではスローガンに掲げていない。

ところが八月一九日、東ドイツ市民が西ドイツを目指してハンガリー国境からオーストリアへ逃れたのを皮切りに、東ドイツ市民の大量逃亡が相次いだ。最高指導者ホーネッカーは東ドイツの屋台骨を崩しかねない生産年齢世代の大量流出が続いているのに、社会主義統一党の機関紙『ノイエス・ドイチュラント』に「国を捨てて出ていく人たちのことを悲しむ必要はない。涙は無用」と突き放すようなメッセージを発表した。しかも彼は暴言を吐くだけで、大量の労働力の国外流出を食い止めるために何一つ有効な措置を取ろうとしなかった。

ホーネッカーの暴言問題が起こると、デモ参加者たちの主張も変化してきた。大半のデモ参加者が自国の政治改革の遅れに不満を抱き、国内の体制改革、民主化、自由な選挙、言論・政治活動の自由、旅行の自由、社会主義統一党が国家を指導することが謳われている東ドイツ（ドイツ民主共和国）憲法第一条の削除を訴えるまでにエスカレートした。

デモ参加者のこうした不満の増大と、西ドイツへの移住希望者の増加は密接につながっていた。一九八九年一月初めから九月末までの九か月間に東ドイツから外国（主に西ドイツ）への恒久的な国外移住の申請者数は一六万一〇〇〇人で、一九七二年から一九八八年までの一六年間の出国申請者総数三万二〇〇〇人の五倍も多い。一九八九年は東ドイツ国民の政治に対する不満・欲求が最も強まった年だったのである。このような状況を反映して、東ドイツの市民たちは旅行の自由を強く求め始めた。

東ドイツでは、新聞、テレビの記者は、それまでデモや政治的な集会は取材しなかった。このためライプツィヒの「月曜デモ」も報道されていない。ところが九月四日の「月曜デモ」の頃は国際的な「ライプツィヒ見本市」の開催期間中だった。このため見本市の取材でライプツィヒに来ていた西側の記者たちがデモの取材に押しかけ、取材・報道した。この日のデモ参加者数は、東ドイツ市民の最初の西ドイツへの逃亡後間もない時期だったせいか、約一二〇〇人に増えた。この時、デモ参加者が掲げていた横断幕のスローガンは「開かれた国を　自由な国民とともに」。この時点では治安当局を刺激することもない穏健な主張だった。

デモの参加者数が予想以上に多かったため、西ドイツのテレビや新聞は大きく扱った。その結果、「月曜デモ」は東ドイツでも広く知られるようになり、その後のデモ参加者は九月二五日に六〇〇〇人、一〇月二日に一万五〇〇〇人、一〇月九日に七万人、同一六日に一五万人、同二三日に三〇万人と週を追って飛躍的に増えていく。「月曜デモ」の参加者数は東ドイツ国の不満の高まりを映す鏡のようなものだったのである。
国家評議会議長ホーネッカーは、一〇月七日の東ドイツ建国四〇周年記念の式典を成功裏に乗り切ることに全精力を傾注、体制の引き締めを図っていた。ホーネッカーが最も嫌ったのが、反体制運動のデモの激化と市民の国外流出である。彼の眼には、ライプツィヒで市民グループが行っている「月曜デモ」は「規律を乱す、けしからん行為」と映っていた。彼は「月曜デモ」への怒りと苛立ちを我慢できず、「デモで苛立たされるのは、もうごめんだ。軍隊を配置すべきではないか」と発言した。

ホーネッカーの意向を受けた秘密警察が、九月一一日の「月曜デモ」では横断幕の撤去など強い姿勢で対処する方針を打ち出したため、市民側は横断幕を取りやめた。結局、この日のデモでは参加者一一八人が逮捕された。市民側は逮捕者が出るたびに仲間が「名前は？」と大きな声で聴き、翌日、ニコライ教会の壁に名前を貼り出した。ニコライ教会を反体制運動の拠点と見た秘密警察は、同教会の「平和の祈り」に私服で

1989 年 9 月 4 日の「月曜デモ」。「集会に自由を」と書かれた横断幕が突然、秘密警察に奪い取られ、デモ参加者は緊張した（写真）が、トラブルにはならなかった。（ＮＨＫ制作「シリーズこうしてベルリンの壁は崩壊した　第１回　ライプチヒ　市民たちの反乱」、2009 年 11 月 13 日放送）

忍び込んで情報を集めていた。ニコライ教会も秘密警察の捜査対象外ではなくなった。

九月二二日、ホーネッカーは社会主義統一党ライプツィヒ支部に宛ててテレックスを送り「月曜デモのような敵対的な活動はつぼみのうちに摘み取るべきだ」と指摘、活動家を孤立させるよう直接指示した。次いで全国各県の党第一書記に「ライプツィヒの街頭で反革命運動が起きている。即刻、根こそぎにしなければならない」と書いた文書を送った。しかし国家保安省ライプツィヒ支部の秘密警察トップ、フーグルはホーネッカーのデモ弾圧指示に抵抗する姿勢を崩さなかった。彼は東ベルリンの国家保安省に宛てて「状況は悪化していますが、われわれには管理可能だと思います」と報告、弾圧の指示を受け入れる考えは表明しなかった。

ホーネッカーや秘密警察・諜報機関を管轄する国家保安大臣エーリッヒ・ミールケは武器を使ってのデモ制圧を考え、労働者で構成された武装民兵隊と警察予備隊まで動員してデモ隊に対峙させた。また政治犯として逮捕、収容すべき者のリストが用意され、各病院には救急準備の指令が届き、保存用の血液まで備えられていた。体制側のこのような取締り姿勢の変化は、建国記念日五日前に当たる一〇月二日の「月曜デモ」警備の警官が初めて盾やヘルメットなどを持つ完全武装に変わったことからも、窺い知ることができた。

ライプツィヒの「月曜デモ」と並んでホーネッカーを悩ます、もう一つの問題は西ドイツに脱出する東ドイツ市民の急増であった。評判の悪いこの国外流出問題を、東ドイツ政府は「出国阻止」ではなく、出国を認めた市民を「国外に追放する」体裁を取って一〇月七日の建国四十周年式典前に処理しようと企てた。一〇月初め、政府は「追放する市民」五五〇〇人を乗せた国有鉄道の特別列車をプラハから、同八〇〇人を乗せた列車をワルシャワから東ドイツ領内のドレスデン、ライプツィヒ経由で西ドイツまで走らせた。一〇月四日、「追放者」を乗せたプラハ発の列車がドレスデン中央駅に到着したとき、その列車に乗ろうとしたドレスデン市民と東ドイツ警察との間に衝突が発生、列車に飛び乗ろうとする市民に警察が放水と警棒で襲いかかった。

市民側と体制側が非暴力デモを実現

天王山とも言うべき一九八九年一〇月九日のデモが間近に迫った時、社会主義統一党の機関紙のライプツィヒ版には治安部隊会長の「国家の敵には我慢できない。反革命は武器を手にしても抑えるべきである」というきつい語調の警告が掲載された。最高指導者ホーネッカーが強い姿勢で取り締まるよう県支部に指示しているためである。「月曜デモ」の主催者側は、治安部隊のデモへの武力弾圧を回避しようと戦術を練った。その結果、治安当局が発砲することのないよう再考を呼びかける「我々こそ国民だ！」（Wir sind das Volk!）という言葉を選び、これを印刷したビラ二万一〇〇〇枚を街中に撒くことを決めた。病院は警官とデモ隊の衝突で負傷者が出る恐れがあると見て輸血用の血液を準備した。

ニコライ教会の「平和の祈り」に参加していた国立青少年問題研究所のヴァルター・フリー

ドリヒは「流血のデモにしてはならない」との一心から、社会主義統一党本部にその要望を訴えるためデモ当日の九日早朝、車でベルリンに向けて出発した。午前九時半すぎ、党本部に着いた。フリードリヒはホーネッカーに次ぐ実力者と言われる党治安担当政治局員エゴン・クレンツに会い、発砲しないよう要望した。

これに対しクレンツは、党幹部たちが最高権力者ホーネッカーの指示に従う形を取りつつ流血の事態を避けるような配慮をしているなどと率直に舞台裏を明かした。その配慮とは、①治安部隊が攻撃されない限り、デモ参加者に対して暴力を使わないことを前日八日の午前中にはっきりと決めたこと、②ホーネッカーがストレーブス大将に対して出したライプツィヒ派遣軍隊の召集命令書に、クレンツが「配備される銃に弾丸は入れない」という項目を付け加えたこと――の二点である。

世界的に著名なライプツィヒ・ゲヴァント管弦楽団の指揮者クルド・マズーアも、地元ライプツィヒの親しい社会主義統一党のライプツィヒ本部に行き、文化担当書記に会い、流血の惨事が起きないよう配慮を求めた。マズーアは「九日のデモはどうしても暴力を避けなければならない。中国の天安門事件（一九八六年六月四日）のような流血の事態が起こることがないよう努力する必要がある」と熱っぽく話した。そこへ若手の人民教育担当書記のローランド・ベッツェル、情報宣伝担当書記のヨッヒェン・ポンメルト、ライプツィヒの牧師ペーター・ツィンマーマン博士、脚本家のベルント・ランゲの四人が加わり、六人で二時間かけて「暴力のないデモのため市民と当局が対話を」と呼びかけるアピールを書き上げた。党最高指導者ホーネッカーが強大な権限を持つ東ドイツで、その意向に逆らう文書に県党書記が署名することは危険な行為なのだが、三人の県党書記は敢えて署名した。

書き上げたアピールをマズーアが朗読し、党書記たちが録音したあと、街頭放送の手はずを取り、市内八〇台のスピーカーからそれを流した。放送では次のように訴えた。

「私たちに必要なのは自由な対話です。その対話がこのライプツィヒにとどまらず、政府との間でも実現するよう、ここに署名した六人は努力します。だから皆さん、対話の実現のため冷静に行動してください」

ホーネッカーが出撃命令を出したにもかかわらず、機動隊は中央環状道路から撤退を始め、ライプツィヒの七万人デモは「第二の天安門」とはならなかった。その原因について、ヴィリー・ブラント元首相は「ソ連軍高級将校が治安部隊の出動に反対したからだ」と『南ドイツ新聞』記者に語ったという。もちろん、クルト・マズーアら人望ある市民三人と三人の県党書記たち（「ライプツィヒの六人」と呼ばれている）が、ともに治安当局に非暴力を訴えるアピールを送り、街頭放送で録音を流したことが大きく影響しているだろう。

「非暴力の精神にのっとったデモ」とフューラー牧師

一〇月九日午後五時、ニコライ教会で「平和の祈り」が始まった。教会の周囲には既に市民

東ドイツ史上最大規模の7万人が参加した1989年10月9日夜の「月曜デモ」。（提供・アフロ）

が集まり始めていた。同六時、祈りが終わり、フューラーが教会の扉を開けて広場に出て来た。手に揺らめくローソクの灯を持つ何千もの人々がニコライ教会を出発した。参加者が七万人に膨れ上がった巨大「月曜デモ」の始まりである。参加者が灯を持って歩くのだから、投石も棍棒を振るうこともできない。ローソクは市民側が治安当局に対して「非暴力のデモですよ」という意思表示である。

デモコースに当たるライプツィヒ中心部の環状道路の側道には重装備の兵士、その周辺には総勢八〇〇〇人の治安部隊が配置されていた。その治安部隊の車両が大通りにも裏通りにも配備され、建物の屋根の上などにも狙撃兵が見え、物々しい雰囲気である。

デモの主催者側が最も緊張したのは、秘密警察本部前の行進だった。しかしデモ参加者たちはエキサイトして行進を乱すこともなく、「我々が人民だ！」とシュプレッヒコールをしながら整然と行進した。このシュプレッヒコールは、デモの主催者たちが治安当局に弾圧を思い留まらせる効果を狙って考案した、「自分たちこそ、社会主義国で最も尊重されるべき人民なのだ」という意味の文句である。

デモ参加者は七万と数こそ多かったが、非暴力に徹したため、一件の暴力行為も起こらなかった。治安部隊側が封鎖線を張るまでして警戒したライプツィヒ中央駅へのデモ参加者の乱入も、まったくの杞憂に終わった。このデモの生みの親とも言うべきフューラーは、デモ行進の一行が環状道路を一周してニコライ教会に帰着したときに抱いた思いを、後にこう述懐している。

「暴力が使われていれば、あの年六月四日の天安門事件の二の舞になっていたでしょう。あれはイエス・キリストと同じ非暴力の精神にのっとって、しかも成功した初めての革命でした。流血も起きず、戦闘の末にもぎ取った勝利でもなく、全く違うすばらしいやり方で成功した革命でした」

退陣に追い込まれたホーネッカー

一〇月七日夕、国家評議会議長ホーネッカー政権が周到に準備した建国四〇周年記念式典が共和国宮殿で開催された。ホーネッカーは「東ドイツには失業者もホームレスもいない」など と自国の発展をまくしたてた。これに対し、主賓のソ連書記長ゴルバチョフは東ドイツの国会で、旧態依然としたホーネッカー率いる東ドイツ政治について演説、「東ドイツの同志諸君が理解しなければならないことがある。それは、世界は変化しつつあることだ」と警告した。さらにホーネッカーについて、記念式典の晩餐会来賓挨拶の中で「遅れてくる者は人生によって罰せられます」という警句を発した。これは、「責任ある政治家は歴史の先回りをしても歴史に乗り遅れてもいけない。歴史の流れを常に正確に把握すべきだ」という認識を示したものだ。

ゴルバチョフは晩餐会が終わると、シェーネフェルト空港へ直行した。この時、見送りに行った社会主義統一党の政治局員エゴン・クレンツら党幹部に対し、暗にホーネッカーの退陣に向けて行動するよう促したという。

一九六一年、東ベルリンと西ベルリンの境界に壁を建設する実務を担当したのが、中央委員会国防担当委員のエーリッヒ・ホーネッカーだった。一九七一年五月、ホーネッカーはドイツ社会主義統一党書記長に就任し、一九七六年からは国家評議会議長を兼務、強権政治で知られるレオニード・ブレジネフ・ソ連書記長の支援のもと体制を強化し、秘密警察シュタージを使って国民を監視しつつ独裁政治を敷いてきた。ホーネッカーはその後も「国を捨てて出ていく人たちのことを悲しむ必要はない。涙は無用」と発言、これに反発するクレンツら若手政治局員三人が「国を出て行く者たちに無関心ではいられない」という改訂版の声明文を示し、ホーネッカーにそれを認めさせた。

ホーネッカーは一〇月一六日のライプツィヒのデモに対しても武力鎮圧措置を取るよう主張した。しかしクレンツは治安部隊に対し、「デモ隊の動きに介入するな」と指示した。また東ドイツ軍参謀総長フリッツ・シュトレーレッツ大将（社会主義統一党政治局員）は「軍は何もできません。すべて平和的に」と言った。ホーネッカーの命令に従う政権幹部は、もはや一人もいなかった。

クレンツ、ギュンター・シャボウスキー、ジーク・フリートロレンツの三若手政治局員は、古参の政治家ヴィリー・シュトフ閣僚評議会議長（首相）やソ連の指導部とも連絡を取り、密かにホーネッカーの追い落としの多数派工作に着手した。三人はまず、慎重に互いのホーネッカー観を把握し、そのうえで引き降ろすための工作を進めた。その結果、政治局員数の半数近い一二人からホーネッカー解任への同意を取り付けた。

一〇月一六日午前一〇時、定例の政治局会議が始まり、いつものとおり議長役のホーネッカーが議事を進めようとした時、古参役のヴィリー・シュトフが突如、「ちょっと発言がある。ホーネッカー同志の書記長解任を提案したい」と述べ、ホーネッカー解任動議を提出した。ホーネッカーは言葉を発せず、緊迫した空気となった。しばらくしてホーネッカーが、動議と関係ない議事を進行させようとした。その時、誰かが「どうしたんですか。動議が出されたんですよ」と動議を討議するよう声を掛けた。すると彼は、「わかりました。では討議に入りましょう」と言った。

政治局員は全員が解任に賛成意見を述べ、最後に挙手によって賛否を問うたところ、意外にもホーネッカー自身も賛成の挙手をした。結局、全会一致でホーネッカーの解任が決まった。後任の書記長にはエゴン・クレンツが選出され一〇月二四日の人民議会で国家評議会議長および国防評議会議長にも選出された。この国家評議会議長選挙では二六票の反対、二七票の保留、国防評議会議長選挙では八票の反対、一七票の保留があった。

失脚したホーネッカーは、ベルリン近くのソ連軍病院・モスクワ・ドイツへの護送、ベルリンの壁を越えた者への殺人命令、汚職、背任の容疑で告発され、裁判にかけられた。しかし、不治の病を理由に告訴が取り下げられ、チリの首都サンティゴの家族のもとへ行くことを許可された。一九九四年五月二九日、ホーネッカーは肝臓がんにより八一歳で死去した。

七〇万人参加の反体制大集会と「ベルリンの壁」の崩壊

ライプツィヒの「月曜デモ」成功による民主化の波は、一挙に東ドイツ全土に広まった。東ベルリン市民の間ではライプツィヒ・デモの成功に刺激され、一〇月一五日、名門劇場のドイツ座に俳優やスタッフなど一〇〇〇人以上が集まり、「我々も自由を求める思いを形にしよう」と話し合った。ある女優が、「デモか集会を開けないでしょうか」と発言すると、「当局の許可が出ないのではないか」という声が会場のあちこちから出た。この時、反政府派の弁護士グレゴリー・ギジが立って、こう発言した。

「集会の許可については、東ドイツ憲法に基づく条例の中に規定がある。その条文には、デモの場所を申請すると、実地検分をしてから許可が出ると書かれている。もし許可が出れば、それが合法デモになる」

この発言で、デモを申請してみることが決まった。申請した結果、許可が下り、一一月四日、五キロのコースをデモ行進し、その後アレクサンダー広場で反体制派集会を開くことが決まった。四日午前一〇時、市民たちは「抗議デモ」と書かれた横断幕を掲げ、「我々こそ主人公だ！」、「自由を！」、「民主的な憲法を！」などとシュプレヒコールを叫びながらデモ行進を始めた。合法的なデモとあって、年配者や子どもまで参加した。参加者の正確な数は誰にもつかめなかったが、七〇万人前後とされた。反体制運動側が何らのトラブルも起こさずに、七〇万人もの巨大デモを実施し得たことは大成功だった。

この催しで結集された巨大なエネルギーは、ライプツィヒ・デモで得られたエネルギーと相まって、ベルリンの壁の崩壊に向けられた。ライプツィヒと東ベルリンのデモ成功の影響は東ドイツの都市に波及、ドレスデン、カール・マルクス・シュタット（現ケムニッツ）、マグデブルグ、プラウエン、アルンシュタット、ロストック、ポツダム、シュヴェリーンでもデモ行進が行われた。

東ドイツ市民七〇万人の反体制デモ・集会は政権に衝撃を与えた。国民の強く要望する政策を実施しない限り、政権の存続が危ぶまれた。東ドイツ政府は旅行の自由化を強く求める国民の要望に応えようと、新しい旅行法案を大至急作成し、一一月六日付の社会主義統一党の機関紙『ノイエス・ドイチュラント』一面左肩に法案を大きく掲載した。しかし、この法案には旅行を申請しても、国家保安上の問題があれば申請は拒否されるという条文が入っていたため、国民は「これまでと同様に旅行の自由を認めないのではないか」と疑い、新しい旅行法案は不評だった。
クレンツは国民の信用を回復するため、ヴィリー・シュトフ閣僚評議会議長（首相。在任期間、一九七六〜一九八九年）率いる内閣の総辞職と党政治局員全員の解任の二つを断行、「国民に信頼される人事」を行うことにした。八日に開かれた党の中央委員会では政治局員全員がいったん辞任、ヴィリー・シュトフやエーリッヒ・ミールケ国家保安相らが引退し、「東ドイツのゴルバチョフ」とも言われていた改革派のハンス・モドロウを政治局入りさせ、シュトフの後継首相に任命することが決まった。閣僚には国民受けすると思われる人物を選任した。

広報担当が旅行自由化政令の発効日時を間違って発表

新内閣の直面する最大の課題は、旅行自由化の政令案の早急な作成である。反発を招いた旅行法案の修正案をまとめても、議会の議決に時間がかかり、国民の不満にすぐに応えられないが、政令なら政府の手で決定し、党中央委員会総会で議決すれば公表できる。このため議会の議決の必要のない政令を作ることにした。

一一月九日午前九時、内務省旅券局長ゲアハルト・ラウターら担当者四人が外務省旅券局に集まり、旅行の自由に関する政令案づくりを始めた。ラウターは強い危機意識を持っていた。彼は当時、「生半可の改革の旅行法案では国民の怒りを鎮めることはできない。私が世界を変えるか、私が逮捕されるか、そのどちらかだ」と旅行政令案づくりに逮捕覚悟で取り組んでいたことを後に明かしている。政令案は正午に完成、ラウターが直ちに政令案のコピーを党中央委員会と閣僚評議会に届けた。旅行法案は、クラウターが悲壮な決意で作成しただけあって、事実上の国境開放とも受け止められるような大胆な改革案だった。

午後六時、党中央委員会総会が始まり、書記長クレンツが政令案を提出、「個人旅行は理由と親戚関係の明記なしに申請でき、許可はすぐに出される」、「この政令案は一一月一〇日から効力を発効する」、「明日、一一月一〇日に国境を開放する」と説明した。約二〇〇人の委員が政令案を審議、一部の修正だけで議決した。

クレンツが午後五時四五分、議決された政令とプレスリリース用の文書を持って政治局広報室に行き、シャボウスキーに手渡し、「記者発表するように」と指示した。シャボウスキーは午後六時、中央委員会で議決された「旅行自由化の政令案」に関する記者会見を始めた。シャボウスキーは旅行自由化に関する質問を受け、鞄の中からメモを取り出し、「西ドイツへ移住もうとする東ドイツ国民は今後、国境を直接往来することができます。個人的な旅行も、特に条件を付けずに速やかに許可されるようになります」と答えた。イタリア国営通信ＡＮＳＡの主席通信員リッカルド・エールマンが「政令はいつ発効するのですか」と質問、シャボウスキーは「私の認識では『直ちに、遅滞なく』です」と答えた。

政令の発効日時については、政令に「直ちに」と書かれていたが、添付の報道機関用資料政令には「報道発表は一一月一〇日に行われる」と書かれていた。だから政令と資料をよく読めば、発効は報道発表の行われる一〇日であることがわかるはずである。シャボウスキーは前日、党中央委員会政治報道局長に就任したばかり。記者発表は不慣れの上に、発表資料をよく読まずに記者会見に臨み、間違ったことを言ったのである。

このシャボウスキーの間違った発表を聞いた東ドイツ市民たちは、午後七時一五分頃からボルンホルム検問所の前に集まり始めた。八時半には約一〇〇人になり、その後、間もなく一〇〇〇人を超えた。市民たちが出国を求めると、所長のハラルド・イェーガー中佐は、旅行自由化の政令では事前に出国ビザを申請した人に検問所が許可を与える定めであるとして、「まずビザを取る」と言った。しかし人々はテレビ情報を基に、「シャボウスキーが言ったとおり、今すぐゲートを開けろ」と口々に要求した。市民の数は午後九時すぎ数千人に増え、ゲートを開けない検問所に対する怒りを募らせていた。イェーガーは本省（内務省）担当部局の上官に電話し、検問所で今起こっている緊迫した状況について説明、どう対処すべきか指示を求めた。

内務省は最初、「しつこく要求する市民だけを通せ」と指示し、午後九時二〇分、イェーガー所長はしつこい市民だけ、出国手続きをして検問所を通し始めた。これを見た他の大勢の市民が怒り、収集がつかなくなった。同一〇時四〇分、まだ国境は開放されていないのに、西側のテレビは「東ドイツが国境の開放を発表した」と報道した。この報道は市民の国境開放要求を後押しした。「開けろ、開けろ」のシュプレッヒコールは勢いを増し、要求を聞き入れなければ、暴発の恐れがあった。

イェーガーら検問所職員と国境警備隊の担当者が緊急に協議し、それまで一部の市民に限り取っていた出国手続きを取りやめ、すべての市民を直ちに通す決断をした。暴発を避けるには即時解放以外に選択肢はないとの判断である。午後一一時二〇分、ボルンホルム検問所がゲートを開けると、壁沿いに設置されている他の一〇か所の検問所もこれに倣った。こうして東西冷戦の象徴ベルリンの壁は崩壊した。

「ベルリンの壁」に上がったり、壁をよじ登ったりして壁の開放を喜び合う東西ドイツの市民たち。（提供・時事通信社）

これにより、全部で二万人を超える群衆が、徒歩や車で堰を切って西ベルリンに雪崩れ込んだ。九日深夜、歓喜と興奮に沸く東ベルリン市民たちは壁によじ登ったり、つるはしやハンマー、建設機械を使って壁を壊すなど思い思いの方法で、長年の鬱積した感情を発散させた。西ベルリン市民も騒ぎを知ってゲート付近に集まって来て、抱き合ったり、花束を手渡すなどして壁の崩壊を喜び合った。この大騒ぎは三日三晩、続いた。

ポーランドのワルシャワを訪問中だった西ドイツ首相ヘルムート・コールは一〇日朝、西ベルリンに入った。西ドイツ政府は一七〇〇万東ドイツ市民に一人一〇〇マルク、総額日本円で総額一二〇〇億円を贈った。

一一月一三日、ハンス・モドロウ内閣が発足した。モドロウは政治・経済の改革を表明し、憲法第一条に定められている「党による国家の指導」条項の削除を表明し、一党独裁制を放棄した。一二月三日、社会主義統一党は緊急中央委員会総会を開き、クレンツ以下政治局員・中央委員の全員辞任とホーネッカー、シュトフ、エーリッヒ・ミールケ（前国家保安相）らの党除名を決めた。政治局員・中央委員は辞任に当たり、自己批判の声明を発表した。六日、クレンツは国家評議会議長も辞任、クレンツ政権はわずか二か月足らずで退陣した。八日から九日にかけて開かれた社会主義統一党の党大会では、党名を社会主義統一・民主社会党に改名し、翌一九九〇年一月にはクレンツ、シャボウスキーが党から追放された

ライプツィヒ・デモを支え続けたフューラー牧師

一九八九年一〇月七日のライプツィヒ「月曜デモ」が七万人の巨大デモに膨れ上がり、しかも治安当局の自制とデモ参加者の非暴力主義が実って流血のない平和デモとなったことは、東ドイツの無血民主革命とも言え、国際政治に大きな影響をもたらした。まず東ドイツの最高指導者で独裁政治家であったホーネッカーが追放され、次に冷戦の象徴となっていたベルリンの壁が崩壊した。

ベルリンの壁崩壊から一か月後の一二月三日、米国大統領ジョージ・ブッシュとソ連大統領

ゴルバチョフの両首脳がマルタ島で会談し、冷戦の終結を宣言した。壁の崩壊後しばらくの間、一日約二〇〇〇人の東ドイツ国民が西へ流出した。東ドイツ・マルクの価値は一〇分の一に暴落、東ドイツ経済は事実上、崩壊した。ベルリンの壁崩壊は東ヨーロッパ全域に波及、一九八九年一一月一七日にチェコスロバキアでビロード革命、一二月一六日にはルーマニア革命が発生した。

一九九〇年三月、東ドイツ最初で最後の自由選挙が行われ、速やかに東西統一を求めるキリスト教民主同盟を中心とした勢力が国民の支持を受けて勝利した。これによりドイツ再統一の機運が生じ、西ドイツが東ドイツの五州を編入して統一する方式が採用されることになった。そして一〇月三日、東西ドイツが統一され、ドイツ連邦共和国が成立した。翌九一年八月二〇日、バルト三国が独立し、同年一二月二五日には、共産主義の元祖で東欧社会主義国の盟主であったソ連が崩壊した。

「あの日、命をかけて集まった人々に」と花束を手にするニコライ教会のクリスチャン・フューラー牧師。（ＮＨＫ制作「シリーズこうしてベルリンの壁は崩壊した　第１回　ライプツィヒ市民たちの反乱」、2009 年 11 月 13 日放送）

こう見てくると、ライプツィヒ・デモの成功した一九八九年一〇月九日こそ、今日のドイツと冷戦終結後の世界をつくった出発点として重要な日であることがわかる。一一月四日に東ベルリンで開かれた七〇万人参加の大集会で演壇に立った東ドイツの作家クリストフ・ハインは「ライプツィヒを『英雄都市』と呼ぼうではありませんか」と提唱したが、ライプツィヒのデモがさまざまな変革に及ぼした絶大な影響を考えれば頷ける提案である。この歴史的なライプツィヒ・平和デモの立役者の一人は、指揮者のクルト・マズーア教授であった。この無血デモの二〇周年にあたる二〇〇九年一〇月九日、ライプツィヒのゲヴァントハウスでデモの成功を祝う記念式典が催された。式典にはメルケル首相、ケーラー大統領らが出席、マズーアの指揮するライプツィヒ・ゲヴァントハウス管弦楽団の演奏によるドイツ国歌斉唱に続き、記念コンサートが行われた。

ライプツィヒの名を世界に轟かせた偉業は、現状改革を志向する市民をニコライ教会の「平和の祈り」に呼び寄せ、七万人参加の巨大デモにまで育て上げた牧師クリスチャン・フューラーの地道な努力によって成し遂げられた。独裁政権を倒した巨大なエネルギーは、この牧師がニコライ教会で主宰した「平和の祈り」から始まった。フューラーは、テレビ番組「ライプツィヒの奇跡」(NHKテレビ番組「シリーズ　こうしてベルリンの壁が崩壊した　第一回ライプツィヒ市民たちの反乱」)の中で、花束をかざしつつ、こう述懐した。

「一九八九年一〇月九日はドイツが生まれ変わった日でした。あの日、命をかけてここに集まった人々に感謝の花束を捧げます」

5　ベートーヴェン不朽の名作「第九・合唱」の誕生

シラーの詩「歓喜に寄せて」を交響曲に取り込む着想

ベルリンの壁の崩壊から一か月半後の一九八九年一二月二五日、ベルリンでは壁の開放を祝う歴史的なクリスマス・コンサートがブランデンブルク門の前で開催され、ベートーヴェンの交響曲第九番（「第九」）が演奏された。冷戦の象徴とも言うべきベルリンの壁の崩壊は、世界中の人々に「自由の復活」、「抑圧からの解放」と歓迎された。第九はそれを祝う曲目として最もふさわしいものであった。

ベートーヴェンの第九「合唱」が国家的、世界史的な出来事を祝う記念に演奏されるのは、この交響曲に付けられている合唱の詩「歓喜に寄せて」の持つ絶大な人気のためである。「歓喜に寄せて」の合唱はなぜ人々にそれほど愛されるのか。一言で言えば、フリードリッヒ・フォン・シラー（一七五九〜一八〇四）の詩「歓喜に寄せて」が人々の本然的な願望であり、理想とする自由・平等・友愛を格調高く謳い上げているためである。ベートーヴェンはシラーの詩「歓喜に寄せて」をいつ、どのような思いで第九交響曲に取り込もうと考えたのか。

「歓喜に寄せて」の作詞者は、ドイツ古典主義時代に詩人、劇作家、歴史学者、思想家とし

フリードリッヒ・シラーによる著作『人間の美的教育について』（法政大学出版局）。

て活躍、ゲーテと並び称された優れた文学者、シラーである。彼が追い求めた「自由」はドイツ国民の精神生活に大きな影響を与えた。シラーは貧乏と病気にさいなまれ、友人の厚い友情に支えられながら数々の優れた戯曲や詩を作った。その作品の根底を流れるのは、独自の哲学と美学に裏打ちされた理想主義と、自由を求める不屈の精神である。

シラーが「歓喜に寄せて」を作詩したのは一七八五年。この詩は一七八七年、自費出版の雑誌『ラインの美の女神』第2号で発表された。シラー二八歳のときである。正義感が強く、政治や社会に関心の強い、言わば社会派の音楽家であったベートーヴェンが、シラーの詩「歓喜に寄せて」に感動したのは当然である。この詩は彼に、抑圧された民衆が自由を希求して発する、やむにやまれぬ叫びと映った。ベートーヴェンの世界観、人生観からすれば、「歓喜に寄せて」の詩のうち、とりわけ詩の後半の次の一節に、強い感銘と共感を受けたことは想像に難くない。

時代の流れでむごくも引き裂かれたものを

あなたの不思議な力が再び結びつける
あなたの柔らかな翼の覆うところ
すべての人が兄弟となる
抱き合おう、幾百万の人々よ
この接吻を全世界の人々に
兄弟よ、星空の彼方には
愛する父がいるに違いない

このとき、ベートーヴェンは一七歳。彼は「歓喜に寄せて」を読んだ時、心の躍動を抑えることができず、音楽ノートに「歓喜！　これこそ、そうだ。見つかった。我らに不滅のシラーの詩を歌わしめよ」と書き記した。この記述から明らかなように、ベートーヴェンは「歓喜に寄せて」の詩とシラーの思想に心底共鳴し、将来、「歓喜に寄せて」を交響曲に取り込み、新しい音楽を創造しようという、並々ならぬ作曲意欲を燃やした。シラーの詩「歓喜に寄せて」とベートーヴェンの出会いは、不朽の名作「第九」を生み出す創作意欲の根源であり、その後三七年間も燃え続ける作曲へのエネルギーの源となる。

一八世紀後半のヨーロッパでは王侯・貴族が特権を持ち、平民の納める高い税金を自由に使っていた。貴族と平民の間には厳然とした身分の違いがあり、平民はよほどのことがない限り上に上がれず、貴族との結婚はどんなに愛し合っていても許されなかった。ベートーヴェンは、こんな不合理な社会に対して強い批判を抱き、「人間は生まれや職業によって社会的な違いがあってはならない。自由で、みんな平等に扱われる社会であるべきだ」と考えていた。

ベートーヴェンが「歓喜に寄せて」に出会った四年後の一七九二年、彼はボン大学の法律学の教師であるバルトロモイス・フィッシェニと知り合い、「歓喜に寄せて」を全詩編にわたって作曲する考えを持っていることを話した。フィッシェニはイェナ大学の出身で、学生時代、この大学で教授をしていたシラーから教えを受けた。当時、シラーはフィッシェニと同じボン大学の教授だったから、フィッシェニはベートーヴェンから聞いた「歓喜に寄せて」の作曲計画をシラー夫人、シャルロッテ・フォン・シラーに手紙で知らせた。シャルロッテは「期待しています」という返事をフィッシェニに書き送った。ベートーヴェンは住み慣れたボンを去り、ウィーンに移住した。

フランス皇帝の座に就いたナポレオンに幻滅

ベートーヴェンが一八歳のとき、隣国フランスで革命が起きた。絶対君主制が否定され、自由・平等・博愛の理想が人々の心に芽生え、育まれた。ベートーヴェンはこの頃、自由を追い求めるフランス革命に憧れ、「僕の芸術は僕と同じ貧しい人々の運命の改善に捧げられなければならない」と語っていた。フランスでは、その後しばらく恐怖混乱が続いたのち、ナポレオンが解放をうたい、革命軍の司令官としての名声を高めた。ベートーヴェンの青年期から壮年期にかけてのヨーロッパは、フランス革命とナポレオンの権力掌握・統治、失脚を中心とした政治・社会の激動期であった。

多感で正義感が人一倍強く、根っからの共和主義信奉者であるベートーヴェンにとって、一時期のナポレオン・ボナパルトが正義の味方、解放の旗手として映っても不思議ではなかった。フランス革命の後、ナポレオンの副官からウィーン駐在のフランス大使となったベルナドット将軍より、ナポレオンを讃える曲を作ってはどうかという勧めを受けたベートーヴェンは、話に乗って早速作曲に取り組み、一八〇四年の春、交響曲第三番「英雄」を作曲。フランス大使館を通じてナポレオンに曲を献上する準備を始めた。準備の最中の五月一八日、ベートーヴェンはナポレオンが皇帝に即位したことを知った。皇帝になったナポレオンはベートーヴェンにとって、敬愛から一転、軽侮と憎しみの対象に変わった。ベートーヴェンの性格は激しい。「奴も俗物に過ぎなかったか」と激怒し、ナポレオンへの献辞の書かれた表紙を引きちぎり、床にたたきつけたうえ、それを足で踏みつけたという。

ナポレオンはロシア遠征とワーテルローの闘いで大敗し、一八一五年六月、退位。ウィーン会議の結果、ヨーロッパはメッテルニヒの指導のもと、フランス革命前の重苦しい、保守反動の空気に覆われた。メッテルニヒの検閲により、ベートーヴェンの創造的な音楽活動は阻まれていた。反逆の精神は旺盛で、訪れてきた人には、よく政治や社会の批判をした。彼は当時の状況について、「周りのもの全てが完全な沈黙を強います」と友人への手紙で書いている。そんな鬱屈した状況のなかだけに、「歓喜に寄せて」を取り込んだ交響曲を作曲したいという、ベートーヴェンの思いは募っていたに違いない。

難聴・病苦・孤独と闘いながらの作曲活動

ベートーヴェンが、自身の耳が聞こえにくくなっていることに気づいたのは、二六歳のときだった。風邪を引いた後に初めて左の耳の聴力が落ちたという記録がある。これを治すために様々な治療を受けたが、少しもよくならなかった。一八〇一年、ベートーヴェンは親友カールに宛てた手紙で、「僕はもう何度も創造主を呪った。僕の身体で最も大切な部分、聴覚がひどく衰えてしまったのだ。僕の耳のことは絶対に秘密にし、どんな人にも話さないで欲しい」と書いた。

一八〇二年の夏、ベートーヴェン三一歳のとき、彼はウィーンの森の谷にある温泉の町ハイリゲンシュタットに滞在した。ある日、ピアノの練習に来ていた一八歳の生徒フェルディナンド・リースと一緒にウィーンの森を散策した。リースは羊飼いが吹く笛の音を聞き、「先生、いい笛の音が聞こえますね」と何気なく話しかけた。近くで話すリースの言葉は聞こえるのに、笛の音は聞えない。ベートーヴェンはショックを受けた。これで音楽活動ができるだろうか――音楽家としての将来を案じて、悩み続けた。ベートーヴェンは追い詰められた気持になり、命を絶つことまで考えた。

一〇月、弟のカールに宛てて「遺書」を書いた。「遺書」といっても実際に死ぬ気で書いたわけではなかったようだ。だが、この「ハイリッゲンシュタットの遺書」には今まで隠していた難聴のことを打ち明け、将来の音楽活動への不安、難聴を人に知られたくないという悩み、孤独感など、当時ベートーヴェンが思い悩んだ事柄と心境がありのままに書かれている。

「遺書」にはベートーヴェンがリースと一緒に散歩したとき、リースには遠くからの笛の音が聞こえているのに、自分には何も聞こえなかったことを「なんという恥ずかしさだろう」と書き、さらに次のように心境を吐露している。

「私は過去六年来、絶望的な状況下に置かれている。慢性的な病気にかかり、治るのに数年かかるか、全く治らないかの判断をしなければならなくなった。私は聴覚の欠陥について、人に言うことが出来ない。人中に近くなると、自分の容態が気づかれるのではないかという激しい不安に襲われる」

難聴はその後少しもよくならず、そのうえ耳鳴りにも苦しんだ。三九歳の頃、ベートーヴェンの難聴は一層悪化し、

「孤独な巨匠——自然を散策するベートーヴェン」、ユリウス・シュミット（1854-1935年）作。

四〇代の半ばを過ぎると、ほとんど聞こえなくなった。このため会話は相手が筆談帳に質問を書き、ベートーヴェンが口頭で応えた。会話は全て筆談に頼ったから、筆談帳は四〇〇冊以上になった。交友のあったゲーテも、当時のベートーヴェンの聴力が人との交際に支障が出るまでに悪化していたことを認めている。

難聴の程度がひどくなるにつれて、補聴器も大きくなった。ベートーヴェンは補聴器をほとんど使わなかったようだが、ボンのベートーヴェンの生家には大きな耳ラッパやメガホン式など様々な補聴器が展示されている。ベートーヴェンは音を専門に扱う音楽家でありながら、五六年の生涯を閉じるまで難聴に苦しめられ続けた。

ベートーヴェンの難聴の原因は何だったのか。ベートーヴェン死亡の翌日、一八二七年三月二七日、ウィーン大学病理学・解剖学博物館のヨブ・ワーグナー医師がベートーヴェンの自宅で遺体の解剖を行った。その結果の記録が近年、同博物館で見つかった。それによると、ベートーヴェンの耳管の粘膜は盛り上がり、耳小骨に向かって多少狭くなっていると記述されているという。ベートーヴェンは親友ヴェーゲラーへの手紙で「話し声は聞こえるのに、意味がさっぱり分からない」と書いている。これは高音を聞き取る内耳の部分が壊れたためで、四〇歳未満で発症する難聴のこと。病名は「若年発症型両側性感音難聴」。四〇歳以上が加齢性難聴である。内耳が壊れる遺伝子を先天的に持っていたために発症したと考えられている。一九七〇年代に治療法が開発され、初めて聴力を回復する道が開けた。ベートーヴェンの時代、難聴の治療法はまだなかった。

ベートーヴェンは難聴の他にも、様々な病気にかかった。一八二一年、進行していた肝機能の異常から黄疸《おうだん》を発症した。黄疸は肝臓病がかなり悪化していることを物語っていた。このあと、一八二三年に疼痛性眼病、二五年に食道の静脈瘤破裂による出血、腹痛、下痢、肺炎、二七年に肝硬変を患った。

ベートーヴェンは難聴と数多くの病気に加えて、失恋の苦しみも経験した。彼は一〇人もの女性に恋心を抱き、交際をしたが、どれも実らなかった。交際した女性は貴族が多く、身分の違いが結婚を妨げたようだ。婚約までしてそれが解消されたこともある。その中からベートーヴェン最後の恋の経緯を、一九四九年に偶然発見された資料から見よう。

この恋の相手は貴族の夫に先立たれ、四人の子どもを抱えていた貴族のヨゼフィーヌ・ダイム。ベートーヴェンはヨゼフィーヌに一八〇四年から三年間に一三通のラブレターを送っている。だが貴族と平民の間の壁のために恋は実らず、ヨゼフィーヌは貴族の男性と再婚した。彼女はその夫に裏切られて財産を失い、絶望のうちに他界した。

ヨゼフィーヌとの悲恋とその痛ましい死は、ベートーヴェンを失意のどん底に突き落とした。彼は悲嘆のあまり、病気になってしまった。この頃の心境をヨゼフィーヌの兄弟に宛てた手紙で「これまで何もできない日々を送ってきた」と書き送っている。その後で、彼は「でも芸術のために、もう一度、人生をやり直したい」と再起の決意を表明している。ヨゼフィーヌの死はベートーヴェンが生涯を閉じる六年前のこと。優しい妻を迎えて温かい家庭を持ちたいというベートーヴェンの多年の願望は、ヨゼフィーヌの死によって絶ち切られた。難聴に加えての失恋続きはベートーヴェンにとって厳しい試練となった。

構想から三五年、不朽の名作第九が遂に完成

シラーが「歓喜に寄せて」を書いた直後から、ウィーンの多くの作曲家たちがこの詩に曲を付けた。しかしベートーヴェンが狙っていたのは、単に詩に曲を付けることだけではない。交響曲またはオペラの中に「歓喜に寄せて」を取り込み、この詩の精神の横溢した音楽作品を創造するという雄大な構想の実現だった。それは音楽の革命とも言うべきものである。ベートーヴェンは、この目標の達成を目指して、青年時代から多くの優れた作曲を次々に手掛けるかたわら、徐々に楽想を前進させていった。

一八一四年、四二歳のとき、ベートーヴェンは作曲した交響曲第八番の序曲に「歓喜に寄せて」を合唱として取り入れようとした。スケッチ帳には「喜びよ、美しき神々の火花。序曲を仕上げる」というメモが残されている。結局、これは実現しなかった。一八一七年、四七歳のとき、彼は「歓喜に寄せて」の合唱を第九交響曲の各楽章の主題にするという基本的な構想をまとめ、スケッチ帳に書き記した。

一八二二年、ベートーヴェン五二歳のとき、ロンドン楽友協会から「交響曲を作曲して欲し

い」との依頼が寄せられた。交響曲第八番の作曲から十年ぶりに舞い込んだ大きな仕事である。この頃、ベートーヴェンは耳が全く聞こえなくなり、そのうえ肝臓病が身体を蝕んでいた。医者から温泉で難聴の治療をするよう勧められていたベートーヴェンは、作曲の場所にウィーンの南三〇キロ、森のはずれにある、良質の温泉の沸く保養と避暑の街バーデンを選んだ。

ベートーヴェンはこの年の五月、第一楽章の構造づくりに着手、七月、作り終えた。八月、第二楽章の草稿をほぼ完成し、一〇月、第三楽章のアダージョを完成に近づけた。いよいよシラーの詩「歓喜に寄せて」の合唱をどのような形で第四章に取り込むかを決める。ベートーヴェンは第九交響曲の神髄とも言うべき合唱を効果的に取り込むために、「抱き合おう、幾百万の人々よ　この接吻を全世界の人々に」を合唱の中心に据え、この個所を合唱で四度、繰り返し歌うことにした。中心思想を変奏の展開によって強調する手法である。

43歳のベートーヴェン。ブラジウス・ヘーフェルが1814年にルイ・ルトロンスのデッサンにより制作した銅版の肖像画。

ベートーヴェンは翌年三月まで五か月間、この作業に全力を傾注したうえ、第九交響曲全体をアレンジした。こうして不朽の名作、第九交響曲が一八二三年に完成した。ベートーヴェン五三歳のときである。「歓喜に寄せて」を初めて読み、自らの音楽作品に取り込む決心を固めたのは一八歳頃だから、ベートーヴェンはこの交響曲の完成に三五年をかけたことになる。

シラーはその後、時代の逆流に歩調を合わせて後退し、「歓喜に寄せて」を改変する。しかしベートーヴェンの心を捉え続けたのは改変前の「歓喜に寄せて」だった。彼は、そこに大衆の心を燃え立たせる革命的なエネルギーが秘められていると思い、その精神を主題にした交響曲の作曲を自らの人生最大の仕事に選び、目標の達成に向けて取り組んできたのである。

一八二四年二月、ベートーヴェンが手掛けてきた第九交響曲の作曲が終わり、晴れの初演が五月七日、ウィーンのケルントナー・トーア劇場で行われる運びとなった。オーケストラは楽員が八〇人超、その後ろの合唱団は一〇〇人を超える。練習が始まると、イタリア歌劇に慣れている歌手カロリーネ・ウンガーが「発声が難しい。あなたのつくる曲は発声器官への拷問です」と言って、ベートーヴェンに楽譜の作り替えを申し出た。ベートーヴェンは自分の耳で聞くことが出来なかったこともあり、楽譜の書き換えには断じて応じなかった。

管弦楽団はケルントナー・トール劇場に所属していたが、団員は無報酬で練習に参加してくれた。ベートーヴェンはこれを非常に喜び、二回目の練習が終わった時、会場の出口で楽団員を一人ひとり抱擁して謝意を述べた。

第九の演奏会は二人の音楽家が指揮、万雷の拍手

ここで大きな問題が起こった。第九の指揮を作曲者のベートーヴェンが執るかどうかだった。

この頃、ベートーヴェンはほとんど聴力を失っていたのだ。周囲の人々はベートーヴェンに「指揮は他の方に」と勧めるのだが、ベートーヴェンは頑として聞き入れない。結局、妥協の産物として、オーケストラの前に作曲者のベートーヴェンと普段の練習で指揮を執ってきたウムラウフの二人が並んで立つことになった。

第九演奏会当日の五月七日、劇場に群衆が殺到、満員となった。聴衆は演壇で二人の指揮者がタクトを振る前代未聞の光景を目の当たりにした。難聴が進んでいるベートーヴェンは音がよく聞こえないためか、フォルテッシモに達すると腕を一杯に広げ、クレッシェンドが来ると身体を段々に伸ばして伸び上がるなど、身振りが大げさだった。楽員たちはみなベートーヴェンではなく、平時指揮者のウムラウフの指揮に従った。演奏者と合唱団の中にはプロもいたが、一般市民も少なくなかった。練習も多くしていなかったから、演奏そのものの出来は必ずしもよくなかっただろう。しかし各楽章とも、盛んな喝采が起こった。

とりわけ第四楽章の「おお友よ、こんな調べではない。もっと楽しく、歓喜に満ちた歌を歌おう」という、ベートーヴェンが自ら書き加えたバリトンの独唱で始まる「歓喜に寄せて」の合唱は、聴く人の魂を強く揺さぶった。交響曲に合唱を採り入れ、曲全体を合唱中の詩「歓喜に寄せて」の精神で統一するという音楽史上初めての試みは、見事に成功した。七四分に及ぶ演奏は難なく終わった。

ベートーヴェンは演奏が終わり、拍手が起こってもそれに気づかず、指揮棒を持ったまま立っていた。近くにいたアルトの独唱歌手がこれを見て進み寄り、後ろを向けてやり、ベートーヴェンは初めて万雷の拍手に気づき、丁寧に礼をした。聴衆はこれに応えて総立ちになり、大きな拍手を繰り返し、手を振った。拍手はベートーヴェンの答礼が五回になっても止まず、とうとう臨席の警官がやめさせる事態になった。演奏は大成功だった。ベートーヴェンは病身をおして指揮をしたために疲労が激しく、周囲の人が彼をシントレルの家に運んだ。彼は黒の燕尾服をまとい、白い襟飾りを着けたまま眠り込んだ。

第九の演奏会から三年経った一八二七年三月二三日、ベートーヴェンは甥のカールを自分の遺産相続人に定め、遺産金の利息をカールに与える遺言書を書いた。翌二四日、人に勧められて牧師を迎え、祈祷をしてもらった。この日の午後一時頃、ベートーヴェンは昏睡状態になった。二六日午後六時近く、彼は突然眼を見開き、拳を握って振り上げ、数秒後、拳を下ろした。二七日午後六時、ベートーヴェンは生命が燃え尽きたかのように、波乱に満ちた生涯を閉じた。葬儀には三万もの一般市民が参列し、非凡な音楽家との別れを惜しんだ。

ベートーヴェンは難聴や病苦、失恋・孤独など次々に襲ってくる苦難に打ちひしがれることなく第九の作曲に挑み、長い年月をかけて不朽の名作に仕上げた。それは「苦難を克服して歓喜へ」というシラーの「歓喜に寄せて」の詩句を自ら実践しているかのようだった。第九の合唱が迫力を持っているのは、見事な出来栄えの作曲の効果のほかに、作曲者自身が過酷な苦難と闘い抜いて歓喜を手にしたというリアリティに裏打ちされているからだ。

第九交響曲が「不朽の名作」と言われ、国境、民族を越えて人々の精神を高揚させるのは、格調高いシラーの詩、第九「合唱」の持つ迫力、苦しみに耐えて偉業を成し遂げたベートーヴェンの生涯の持つリアリティが混然一体となって、演奏を聴く人の心を揺さぶるからである。

終章　より住みよい社会を創るために

多くの社会事業を手掛けた賀川豊彦

社会問題に取り組む人たちは、今の社会をより住みよくしたいという強い意思を持ち、課題に挑んでいく。大正・昭和期の各種社会事業や労働運動、日本農民組合の創設、無産政党運動、生活協同組合運動などで目覚ましい実績を収めた社会運動家・社会改良家の賀川豊彦（一八八八～一九六〇年）は、その模範である。

賀川は一九〇九年九月、神戸神学校在学中に、日本最大級のスラムである神戸市葺合新川の十軒続きの長屋の一角に布団や衣類、本、書棚を運び込み、住み込んだ。伝道と貧困の救済に取り組むというかねての決心を、実行に移したのである。結核で死の淵をさまよい、やっと回復したばかりの体で、生活環境上望ましくないスラムに移住することには問題があったが、賀川にはスラムで生活し、人々の貧苦の解決に力を尽くしたいという気持が強かった。

賀川は日曜学校で一緒に働く芝ハルと結婚、米国のプリンストン大学に三年間留学し、神学士（ＢＤ）の資格を取得して帰国した。ハルは横浜の共立女子神学校に入学して神学を学んだ。賀川は日本基督教会で牧師の資格を得ると、すぐ神戸市新川のスラムに戻り、神学校を卒業したハルとともにスラム生活を再開した。

賀川の功績としてまず挙げられるのは、労働組合運動の組織と指導である。

賀川はプリンストン大学で神学や心理学などを学んだが、米国滞在中に最も衝撃を受けたのは、ニューヨークで六万人の労働者が団結して資本家に対抗する労働組合運動を目の当たりにしたことだった。賀川はこの体験から、日本でも工場の閉鎖や賃金の引下げ、リストラなどで生活が脅かされている労働者のために労働運動が必要だと強く考えるようになった。

一九一七年七月一〇日、神戸の川崎造船所（現、川崎造船神戸工場）の労働者一万三〇〇〇人と三菱造船所（現、三菱重工業神戸造船所）の労働者一万二〇〇〇人の職工が同時にストライキに入ったときは、争議の交渉に関わり、労働者による工場自主管理や約三万五〇〇〇人を組織した大規模デモなども指導したが、争議は失敗した。

さらに賀川は、貧困にあえぐ農民を救済するために日本最初の農民組合の統一組織「日本農民組合」を設立しようと考え、親しい協力者杉山元治郎に連絡をとった。二人は十分に計画を練り上げ、一九二二年四月九日、神戸下山手のＹＭＣＡで「農民組合創立大会」を開いた。日本農民組合の組合員数は、一九二五年末、約七万人に急増した。

賀川は災害救援活動にも積極的に取り組んだ。

一九二三年九月一日、突然関東地方を巨大地震が襲った。賀川は救助に先立ち、被害状況の調査をするため山城丸で神戸を出航。三日午後八時半、横浜に上陸した。東京、横浜地方を襲った関東大震災は、死者・行方不明者約一四万三〇〇〇人、負傷者約一〇万三〇〇〇人という未曾有の災害を記録した。賀川は被害が最も大きかった東京本所区松倉町二丁目に米国から送られた五つのテントを張って救援センターを設置、救援事業や社会事業を一一に分類して「本所基督教産業青年会」(名誉理事、賀川豊彦)が管理・運営した。賀川は不眠不休で救援活動を続けた。神戸市新川のスラムに診療所を設けて無料診療をしたことのある馬島僩《まじまかん》医師が仲間を連れて救援センターに現れ、無料診療を始めた。一〇月、ハルも長男とともに上京して賀川が本拠地としている本所で、夫の救援活動を助けた。

賀川は生協の創設にも深く関わった。

賀川は労働運動の一環として、一九一八年、鈴木文治率いる友愛会に加入した。「友愛会神戸連合会」から招かれた賀川は労働者の結束を呼び掛ける講演を行った。一九年四月、「神戸連合会」は「友愛会関西労働総同盟」に発展、賀川は推されて総同盟の理事長に就任した。賀川は鈴木文治らと手を握り、大阪に消費組合「共益社《きょうえきしゃ》」を設立、さらに勤労者が互いに生活を守り合う生活協同組合の創設を考え始めた。

賀川は一九二一年、まず購買組合の結成を呼びかける青柿善一郎や実業家の福井捨一とともに、「神戸購買組合」(神戸生協)を創設、神戸市の中心部に店舗を構え、米や醤油などの日常必需品の販売を始めた。この頃、実業界で活躍し文部大臣も務めた平生釟三郎が、「社会にお金を投資したい」という意向を持つ那須善治を賀川に紹介した。賀川は早速那須に会い、協同組合事業への投資が効果的な社会貢献であると説き、那須は私財を投じて「灘購買組合」（灘生協）を創設、経営手腕を発揮して斬新な産直方式を取り入れ、よい品を安く供給するなど実績を挙げた。

太平洋戦争終結から六年後の一九五一年、日本では生協の全国組織である日本生活協同組合連合会が設立され、賀川が初代会長に就任した。一九六二年、灘生協と神戸生協が合併して規模日本一の「灘神戸生活協同組合」が誕生、灘神戸生協は一九九一年、創立七〇周年を機に「消費生活協同組合コープこうべ」と改称した。「コープこうべ」の組合員数は二〇一七年時点で、一六八万人を超え、総売上高でも生協としては世界最大クラスである。

賀川が神戸のスラムで始めた貧民救済活動、協同組合運動や労働組合運動、農民組合運動などは、彼の著者『死線を越えて』や『BROTHERHOOD ECONOMICS』（『友愛の経済学』、一九三六年に米国で出版された）とともに欧米のメディアで紹介され、賀川は一九三〇年代には「日本の社会改造者」として広く知られた。ルーズベルト米国大統領は賀川の協同組合運動を、貧しい人々を救う有効な活動と高く評価、賀川の主唱する協同組合を米国に普及させようと考え、一九三五年一二月、賀川を米国に招聘した。賀川は一九三六年五月まで約半年間、全米で二〇〇回講演会を開いて協同組合の長所を強調、友愛に基づく協同組合運動の普及を呼びかけた。

賀川は豊かな発想、創造力、チャレンジ精神と旺盛な行動力を併せ持ち、数多くの社会運動を手掛けた。そのうえ、彼の考え方の根本には十字架に象徴される贖罪愛の精神があった。その代表的なものが計画的な経済と兄弟愛に基づく協同組合運動である。賀川が米国に協同組合を普及させた実績は、今なお高く評価されている。

みんなの幸せを終生追い求めた宮沢賢治

国民的作家宮沢賢治（一八九六～一九三三年）は、童話『銀河鉄道の夜』や詩『雨ニモマケズ』の中で、「みんなの幸せ」を追い求め、人々への献身と自己犠牲の精神を謳っている。

賢治は子どもの頃、敬虔な仏教徒の母イチから「人というものは、人のために何かをしてあげるために生まれてきたんス」と教えられたと言われる。その影響か、世のため人のために尽くすことが賢治の生き方の基本になっていた。

賢治の父親は浄土真宗の熱心な信者だった。賢治が一八歳のとき、父政次郎のもとに『国訳妙法蓮華経』（漢和対照）が贈られてきた。幼少のころから仏教的な環境で育った賢治は、この書をむさぼり読んだ。賢治はこの本の「如来寿量品」を読んだとき、体のふるえが止まらないほど感動・驚喜したと、賢治の弟清六が著書『兄のトランク』中の「兄賢治の生涯」に書いている。賢治は『妙法蓮華経』を読んで生まれ変わったように元気になり、この経典を座右において大切にした。そして試験勉強に励み、一九一五年春、盛岡高等農林学校農学科第二部

（後に農芸化学科と改称）に首席で入学した。

賢治は盛岡高等農林学校に入って、保阪嘉内（一八九六～一九三七年）という自啓寮の同室者と肝胆相照らす親友となる。保阪嘉内は入寮するとき、初対面の室長賢治に「僕はロシアの文豪トルストイの生涯を知り、トルストイのような生き方をしたいと思って、この学校に来ました」と語った。二人は夏休みのある夜、一緒に松明《たいまつ》を手にして岩手山に登った。岩場に腰掛けて銀河を眺めながら語り合い、将来、自らを犠牲にしてでも人々のために尽くそうと互いに誓い合った。賢治にとって、保阪嘉内は生涯、心の友だった。

一九二六年三月、賢治は稗貫農学校の教員を辞め、花巻郊外にある宮沢家の二階建て別宅に仮寓して、自炊しながら開墾の生活を始めた。ここは北上川と早池峰山の見える眺望のよいところだ。同校を退職した理由について、弟清六の著書によると、賢治は「生徒には農村に帰って立派な農民になれと教えていながら、自分は安閑として月給を取っていることは心苦しいことだ。自分も口先だけでなく、農民と一緒に土を掘ろう」と考えたようだ。

一九二六年八月、賢治は農民たちと一緒に「羅須地人協会《らすちじん》」を設立、花巻周辺の数か所に田畑の施肥の計算をする肥料設計事務所を設けて巡回の稲作指導や肥料相談を始めた。賢治はこの農業指導に骨身を惜しまず、金も受け取らなかった。農民に対する献身的な行為は多くの人から感謝されたが、利息のつくカネを借り、持っているものを売ってやり繰りしなければならなかった。

一九二六年も翌二七年も天候不順で、海水低温、風害旱魃、台風による水稲の倒伏があった。八月の開花期に低温や降雨が続くと、決まって不作になる。八月に入ると、賢治はすっかり疲れた体で、稲作を心配して雨の中を東奔西走した。前述の弟の著書によると、賢治は空模様ばかり心配して「困ったなあ。日が出ないかなあ。暑くならないかなあ」と言っていたという。清六は「後に手帳に書いた『サムサノ夏ハオロオロアルキ』(詩「雨ニモマケズ」の一節)という言葉そのままのように兄は見えたのであった」と書いている。農民たちとの接触が深まるにつれて、彼の目は干ばつを含めた東北の厳しい自然と、その中での農民たちの貧しい生活に向けられるようになる。

賢治は農作業の傍ら、農民を対象にした塾も経営した。体を酷使したため、一九二八年八月、肋膜炎、一二月、急性肺炎を発症、病の床に就いた。一九三一年一月、病気が一時的に回復すると、賢治は土壌改良剤の炭酸石灰(石灰岩の粉末)を肥料として売り込みたいという地元企業の相談を受け、三月、岩手県内、秋田、東京など各地を回った。賢治は無理がたたり九月、東京・駿河台の旅館「八幡館」で高熱を出して臥床した。九月二一日、彼は死ぬ覚悟を決め、花巻の家に電話した。電話に出た父政次郎は賢治の病状がかなり悪いことを知り、すぐ帰宅するよう賢治に厳命した。賢治は知人の小林六太郎に付き添ってもらって上野駅に行き、寝台車に乗って父母のもとに帰った。賢治は家に着くなり、病床に臥してしまった。

翌三二年に入ると、賢治は病床で詩や童話を書き始め、死の直前まで一年九か月間、童話

『銀河鉄道の夜』や『風の又三郎』などの推敲を重ねた。

賢治は東京から持ち帰ったトランクのポケットに、遺書と一緒に自作の詩「雨ニモマケズ」を入れたまま、誰にも知らせずに、三七年の生涯を閉じた。賢治は「雨ニモマケズ」を発表する気はなく、自分自身に言い聞かせるような気持ちで書いたものであることがわかる。「雨ニモマケズ」は宮沢賢治の描く人間の理想像と宗教的な思想の合わさった詩である。賢治は病の床に伏していながら、そこで書いたような人間になるのを理想としていた。しかし病で苦しむ自分は、そうなることができない。こんな心の葛藤から、賢治は詩のすぐ後のページ中央に「南無妙法蓮華経」と書き、前後に菩薩、如来、釈迦牟尼物の名を記して祈りを捧げたものと思われる。

賢治の理想を謳った「雨ニモマケズ」は、太平洋戦争後、間もなく小学校の国語の教科書にも掲載され、その後、中学校の国語の教科書に採用された。今では知らない人がいないほど有名になっている。戦後、この詩が教科書に採用され続けているのは、作品とその著者に真実性、誠実さ、優しさ、美しい生き方を認めているからだろう。

宮沢賢治は詩「雨ニモマケズ」の中で、「人間にとって、本当の幸せとは何か」を問いかけた。ここには、たとえ自己を犠牲にしても、また周りに理解されなくとも、他者のために尽くすことが本当の幸福だとする賢治の思考様式と思想が表明されている。自己犠牲はこの作品の主要テーマであり、最大の特徴でもある。この詩が現代の人々の心を打つのは、賢治が人々の幸せのために尽くそうと努める自己犠牲的な精神を称えていることである。

賢治が「雨ニモマケズ」で表明した「みんなの本当の幸い」を願う気持は、人類の理想とも言うべき高い目標かもしれない。誰にも持てる理念ではない。このような考え方に貫かれた文学作品も作家も稀有だろう。賢治の呼びかけた自己犠牲と多くの人々の幸せを願う精神こそ、あるべき社会の基本であり、人々が平和に共存・共栄する道につながることは間違いない。賢治は身体が弱く、短い人生だったが、人の生き方や社会のあり方に真剣に向き合い、貧困にあえぐ東北の農村を自分の手で変えていこうという理想を抱き、力の限り生きた。

より住みよい地球社会の建設を目指そう

「みんなの本当の幸い」とは何か。それは多くの人々の幸せを自分の幸せと考えるような、博愛の精神から生まれるものだろう。自己中心的な言行は協調と友好の精神に基づく地球社会の建設を妨げる。このような考え方は決して人の心を捉えることはできない。これに対し、自己犠牲と多くの人々の幸せを願う精神は、地球上に共に生きる七十数億の人々と未来の人類の安寧を願う気持に通じる。地球上に住む一人ひとりは共通の人間性、人権、人間の尊厳性を共有している。そして、きれいな空気と水を享受し、子どもたちが健康に育ち、よい教育を受け、適切な仕事に就き、平和かつ自由に生きることを望んでいる。このような状況が損なわれたとき、人は社会運動を起こす気持に駆り立てられるようである。

現代の世界には人類が結束して解決すべき重要課題が主に二つある。一つは地球温暖化問題、もう一つは核兵器の廃絶である。

一九九二年六月、リオデジャネイロで開かれた地球サミット（正式名称は国連環境開発会議）で、地球温暖化防止条約の調印が始まった。以来、温暖化防止対策が始まったが、経済の成長・発展を損なわずに効果的な温暖化を防ぐのが難しいことなどから、交渉は難航した。結局、二〇一五年一二月一二日のパリ協定で、世界の平均気温上昇を産業革命以前と比べて二℃より十分に低く、一・五℃に抑える努力をすることを目的としている。全世界の国が結束して温室効果ガスの排出を削減しなければ、地球は今世紀中に「灼熱地球」になる。

核兵器廃絶問題については、二〇〇六年九月、核戦争防止国際医師会議（IPPNW）が地雷禁止条約にならって核兵器禁止づくりを提案、平和首長会議が最初の賛同団体になった。二〇〇七年四月には、核廃絶国際キャンペーン（ICAN）がメルボルンで発足。二〇一七年七月七日、爆発装置の開発、実験、生産、製造、取得、保有、備蓄、これらの兵器の使用、使用の脅しなどありとあらゆる核兵器関連の活動を禁じた「核兵器禁止条約」が、賛成一二二か国・地域、反対一（オランダ）、棄権一（シンガポール）で、国連本部で採択された。ICANは同年一〇月、ノーベル平和賞を受賞した。「絶対悪」と言われる核戦争を禁止する条約が二〇二一年一月二二日、遂に発効した。

長崎大学核兵器廃絶研究センター調べによると、世界の核兵器は九か国合わせて約一万三四一〇発存在する。これらの核兵器をなくすことがこの運動の目的である。核兵器と戦争のない世界の実現こそ、人類の悲願である。アントニオ・グテーレス国連事務総長は「条約の批准は核兵器のない世界という目標に向けた重要な一歩であり、核軍縮への多国間アプローチへの強い支持を示すものだ」と発効を歓迎した。

日本は被爆国として究極的な核廃絶を目指しながら、米国の「核の傘」の下にいることから、核兵器禁止条約の制定に向けた交渉に一切関わってこなかった。このままでは日本の姿勢は、国際社会の疑念をまねきかねない。

核兵器禁止条約には、核兵器は持っていてはいけないものという世界規範を作る戦略がある。条約の批准により、保有国には政治的、経済的、社会的圧力が強まるだろう。核関連企業に投資・融資していた約三〇〇の金融機関のうち一〇〇以上が投資や融資を取りやめた。核兵器に関わることはリスクを伴うという認識が育っているのだ。投・融資の回避傾向は今後ますます強まる可能性がある。条約は非締約国も締約国会議にオブザーバーとして参加できる決まりになっている。唯一の被爆国日本はこのまま条約の外に留まるのではなく、オブザーバーとして条約に参加し、非締約国と締約国の橋渡しの役割を果たすべきである。

実は、核兵器禁止条約の制定前に、われわれは二つの兵器を禁止する条約を制定した経験を持つ。一九九九年三月に発効した地雷の禁止と廃棄に関する条約と、二〇一〇年八月発効のクラスター爆弾禁止条約である。この二つの兵器の禁止が議論されたきっかけは、一九九二年六月、エジプトの国際法学者出身の国連事務総長ブートロス・ガリ（在任期間、一九九二～一九九六年）が安全保障理事会サミットの要請に基づき提出した報告書の中で、新たに起こる国際的な問題の解決などにNGOの力を役立てるよう提案したことである。ガリ事務総長の提案でも、まず地雷とクラスター爆弾の非人道性が議論され、続いて禁止条約の交渉が始まった。

このうち、地雷禁止運動は、NGOの連合体である「地雷禁止国際キャンペーン」（ICBL）とカナダ、ノルウェー、オーストリア、南アフリカといった中堅国家の政府が「対人地雷の使用、貯蔵、生産及び移譲の禁止並びに廃棄に関する条約」を締結に持ち込み、一九九九年三月一日、発効した。ICBLとコーディネーターのジョディ・ウイリアムズは、その実績が評価されノーベル平和賞を受賞した。

クラスター爆弾禁止条約づくりは、NGOが人道の観点から地雷廃絶運動にならってクラスター爆弾の禁止を訴え、国際世論を高める一方、ノルウェーなどのコアグループ国が廃絶を目指して粘り強く活動を続けた結果、条約が締結され、二〇一〇年八月一日、発効した。

対人地雷、クラスター爆弾、核兵器禁止の三つは冷戦時代には手の届かなかった社会問題だったが、いずれも国連の支援・仲立ちが得られ、望ましい方向に向かった。このように社会問題に対する取り組み方・扱い方は時代とともに変わってきた。

気候危機や核兵器ほど目立たないが、人類社会に不気味に迫って来つつある社会問題がある。それは食料の不足、つまり飢餓である。『世界人口白書２０２０』によると、二〇二〇年の世界人口は七七億九五〇〇万人。二〇六〇年代初め頃には一〇〇億の大台を突破する見通しだという。一〇〇億といえば、今より新たに二二億人を抱え込むとになるが、人類社会は増加する人口を食べさせていくことが出来るのだろうか。

二〇二〇年現在、世界で約八億の人々が飢餓状態にある。全世界で今、生産されている穀物は二六億七〇〇〇万トン。穀物の耕地面積も単位当たりの収穫も今後、増やせる目処は全く立っていない。漁業と牧畜業を見ると、漁獲量も畜産物も増やせる見込みはない。二一世紀現在、穀物の三分の一が食用でなく、家畜の餌になっており、豊かな国々では食べられる食品を大量に廃棄している。廃棄されている食料は世界で生産されている食料の三分の一に相当する。大量の食品を廃棄して食料不足・飢餓を招くような不合理は改めなければならない。

本書に登場する人びとは高い志を持ち、よりよい社会を実現するために積極的に行動した人びとである。このような行為の積み重ねが、より住みよい社会の形成・構築につながっていく。人々が互いに支え合い、尊重し合って、山積する環境や社会の課題を地道に一つずつ解決していくことが望まれる。

あとがき

これまで三七年間、世界や日本の政治・社会との絡みで環境問題や核兵器など様々な社会問題の歩みを三五冊の本に書いてきた。代表的なものが『ドキュメント日本の公害』（全13巻）、『世界の環境問題』（全11巻）、『核の時代70年』の三つ。これらの本を書くための調査と取材の過程で、その生き方に感銘を受けた、社会問題に挑んだ人びとが少なからずいた。この人たちの中から何人かを選んで評伝を書いてみたいという思いが、人生の終盤になってやっと実現した。これこそ、私のライフワークである。

長年の構想を実現させる後押しをしてくれたのは、中国・武漢で新型コロナウイルスが発生してから間もない二〇一九年一二月三〇日、流行し始めた病気に感染性のあることをキャッチ、SNSで医師仲間に知らせた李文亮医師の積極的な行動である。極めて大事な行為だったのだが、李医師は警察に呼び出されて「デマを流すな」と処罰され、武漢市衛生健康委員会は「人から人へ感染する証拠はない」との見解を表明した。これはさぞ、心外だったことだろう。

感染症は発生初期の素早い対応が、その後の感染拡大防止に決定的な影響を与える。中国は新型コロナウイルスが世界各国へ感染爆発を引き起こす直前の三週間近く、ウイルスに感染性があるかないかという極めて初歩的な問題に時間を取られ、武漢から諸外国への感染拡大阻止に何ら対策を講じることが出来なかった。李医師の警告した時点で中国の国家衛生健康委員会がＷＨＯ（世界保健機構）と密接に連絡を取り、的確な感染拡大抑止策を取っていれば、事態は違っていたことは間違いない。そうした第一歩は、一個人の行動から始まる可能性があったということが、私に積年の思いを実現させる契機となった。

人類が立ち向かってきた、あるいは立ち向かうべき危機は感染症だけではない。

地球温暖化は温室効果ガスの大量放出を止めない限り進行し、今世紀後半には深刻な社会問題になる恐れがある。スウェーデンのグレタ・トゥーンベリさんは、地球温暖化が人類の未来を閉ざしかねない、危険な状況に向かっていることを敏感に察知し、国連の場で世界のリーダーたちに対策の強化を厳しい言葉で訴えた。

ケニアのワンガリ・マータイ博士は、二酸化炭素を吸収する樹木を増やす植樹運動に尽力した。アフガニスタンで医療活動をしていた中村哲医師は、二〇〇〇年頃、温暖化による干ばつで人々が飢餓に瀕する事態に遭遇、農業を興し、食料を生産しようと用水路の建設に取り組んだ。いずれも地球温暖化との戦いの戦士である。

米国の生物学者レイチェル・カーソンは『沈黙の春』を著し、農薬業界の攻撃に敢然と闘い、勝利した。

新日本窒素（チッソの前身）は自社が発生源と判明した後九年間も水銀廃水の放流を止めなかったため、人類未曽有の大規模な水銀公害事件に発展した。細川一・チッソ水俣工場附属病院院長は、「原因が自社にあるかどうかを究明するのは医師としての責任」と考えてネコ実験を始め、実験は成功したが、チッソ側は隠蔽した。細川は一九六九年七月四日、がん病院の病棟で水俣病訴訟の証人尋問を受けた。細川はチッソがネコ実験の結果、水俣病を発症する事実を知っていたことをはっきり認め、これが勝訴判決に直結した。

石牟礼道子さんは水俣病の初期段階から患者や漁民の運動をルポなどに書く仕事に携わり、それを基に『苦海浄土』を刊行した。彼女は作家活動のかたわら、水俣病の患者救済運動に初期段階から参加し、被害者運動に大きな影響を与えるとともに、作家活動と公害反対運動を両立させた。

世界の難民・避難民は、一九八〇年末の七五〇万人から二〇二〇年には十倍の約八〇〇〇万人に激増した。難民・避難民の発生原因は主に紛争や内戦である。難民の数が増え続ける一方、国際社会の関心は年を追って低下し、必要な支援を行う予算が十分に組めない状況が続いている。緒方貞子元上智大学教授は一九九一年一月、女性としても、学者出身者としても初めて国連難民高等弁務官に就任し、三期一〇年の長きにわたり難民行政の采配を振るい、不合理と思われる点は思い切って改善した。

「ベルリンの壁」を崩壊に導いたのは「ライプツィヒ・デモ」だが、それを七万人の参加する巨大デモに育てた陰の主役は、自由を求めて闘ったクリスチャン・フューラー牧師である。デモは関係者の必死の努力のお陰で奇跡的に成功、一滴の血も流さずに壁が崩れ、東ドイツが崩壊した。ベルリンの壁崩壊を祝って演奏されたのは、ベートーヴェンの第九交響曲である。

自由と正義を愛し、交響曲にフリードリヒ・シラーの「歓喜に寄せて」を織り込んだ第九交響曲はベートーヴェンが生涯をかけて完成した世紀の名曲である。

キング牧師は黒人差別を撤廃する運動を非暴力で盛り上げながら公民権法、投票権法の制定を勝ち取った。脅迫めいた電話や手紙がしきりに寄せられ、キング牧師も銃弾に倒れた。

今から八〇年ほど前、リトアニアに新設されたカウナス領事館で杉原千畝領事代理は外務省の意向を無視して日本通過ビザを発給し続け、六〇〇〇人ものユダヤ人の命を救った。外務省が後に六〇〇〇人の命を救った杉原さんの名誉を回復したことは適切な措置だった。

その他、本書に登場いただいたすべての人物は、いずれも自発的、かつ献身的に行動し、称賛を受けた。筆者は、それぞれの業績に畏敬の念を抱きつつ本書を書いた。

本書を世に出してくださった花伝社の平田勝社長と原稿を花伝社に繋げていただいた渡辺文学氏、編集の労をとっていただいた大澤茉実さんに、心より感謝申し上げる。

二〇二一年一月　　川名英之

参考文献

第1章　感染症・医療

1　感染性を指摘して罰せられた李文亮医師

早川真『ドキュメント武漢』平凡社、二〇二〇年
日経新聞・朝日新聞『縮刷版』二〇二〇年二月～六月号
東洋経済オンライン「新型肺炎を武漢で真っ先に告発した医師の悲運」二〇二〇年六月五日
NHK・テムジン制作テレビ番組「封鎖都市・武漢――七十六日間市民の記録」二〇二〇年五月四日放送
NHK制作テレビ番組「見えざる敵に挑む――AIが迫る感染爆発」二〇二〇年六月二七日放送
前掲番組「医療崩壊――イタリア・感染爆発の果てに」二〇二〇年六月二八日放送
前掲番組「コロナ医療崩壊の現場で――医師フランチェスカの闘い」二〇二〇年六月三〇日放送

2　ペストの猛威と闘った北里柴三郎

砂川幸雄『北里柴三郎の生涯』NTT出版、二〇〇三年
福田眞人『北里柴三郎　熱と誠があれば』ミネルヴァ書房、二〇〇八年
長木大三『北里柴三郎』慶応通信、一九八六年

3　医療看護を改革したナイチンゲール

セルシ・ウーダム・スミス『フローレンス・ナイチンゲールの生涯』上下巻、武山満智子・小南吉彦訳、現代社、一九八一年
多尾清子『統計学者としてのナイチンゲール』医学書院、一九九一年

ＮＨＫ制作テレビ番組「ザ・プロファイラー　フロレンス・ナイチンゲール」二〇一三年二月二〇日放送

第2章　地球温暖化・植樹運動

1　砂漠に水を引き飢餓の人々を救った中村哲医師

中村哲・澤地久枝『人は愛するに足り、真心は信ずるに足る』岩波書店、二〇一〇年
中村哲『天、共に在り　アフガニスタン三十年の闘い』ＮＨＫ出版、二〇一三年
中村哲（ペシャワール会現地代表）「アフガン東部の干ばつの現状と対策　東部アフガン農村から見る一考察」、『ペシャワール会報』一二一号（二〇一四年一〇月一日発行）所収
「追悼・中村哲さん　命守る意志を引き継ぎます」、『週刊金曜日』二〇一九年一二月一三日号
『ペシャワール会報』八二号～一四四号
ＮＨＫ制作テレビ番組「ＥＴＶ特集・選『武器ではなく命の水を――医師・中村哲とアフガニスタン～』」二〇一九年一二月一〇日放送
前掲番組「クローズアップ現代　中村哲医師　貫いた志」二〇一九年一二月七日放送

2　グリーンベルト運動に尽力したワンガリ・マータイ

ワンガリ・マータイ『ＵＮＢＯＷＥＤ　へこたれない　ワンガリ・マータイ自伝』小池百合子訳、小学館、二〇〇七年
ワンガリ・マータイ『モッタイナイで地球は緑になる』福岡伸一訳、木楽舎、二〇〇五年
ＮＨＫ制作テレビ番組「ザ・プロファイラー　未来を信じ続けた〝緑の闘士〟――ワンガリ・マータイ」二〇一七年一二月六日放送

3　少女グレタの類い稀な温暖化防止キャンペーン

マレーナ&ベアタ・エルンマン、グレタ&スヴァンテ・トゥーンベリ『グレタ　たったひとりのストライキ』羽根由訳、海と月社、二〇一九年
ヴァレンティナ・キャメリニ『グレタのねがい　地球をまもり　未来に生きる』杉田七重訳、西村書店、二〇二〇年
NHK制作テレビ番組「クローズアップ現代　十六歳の少女が訴える　温暖化非常事態」二〇一九年九月二六日放送

第3章　環境汚染・公害

1　環境汚染と果敢に闘ったレイチェル・カーソン

筑摩書房編集部『レイチェル・カーソン「沈黙の春」で環境問題を訴えた生物学者』筑摩書房、二〇一四年
NHK制作テレビ番組「世紀を超えて・地球　豊かさの限界　第3集　それはDDTから始まった」一九九九年二月二一日放送
前掲番組「未来潮流　地球と生命のために——環境運動の先駆者レイチェル・カーソン」一九九九年一月三〇日放送

2　水俣病と闘った作家・詩人、石牟礼道子の生涯

石牟礼道子『石牟礼道子全集・不知火〈全17巻〉』第1巻〜第4巻、藤原書店、二〇〇四年
川名英之『世界の環境問題〈第10巻〉日本』緑風出版、二〇一四年
米本浩二『評伝　石牟礼道子：渚に立つひと』新潮社、二〇一七年
NHK制作テレビ番組「その時　歴史は動いた　わが会社に非あり——水俣病と向き合った医師の葛藤」二〇〇九年一月二八日放送

前掲番組「花を奉る　石牟礼道子の世界」二〇一二年二月二六日放送

3　水俣病の原因究明に職を賭した細川一医師

川名英之『世界の環境問題〈第10巻〉日本』緑風出版、二〇一四年
『毎日新聞』西部本社版、一九七〇年七月
NHK制作テレビ番組「その時　歴史は動いた　わが会社に非あり――水俣病と向き合った医師の葛藤」二〇〇九年一月二八日放送

第4章　核兵器

1　被爆した放射線医師永井隆の献身的医療

片岡弥吉『永井隆の生涯』サンパウロ、一九六一年
永井誠一『永井隆　長崎の原爆に直撃された放射線専門医師』サンパウロ、二〇〇〇年
永井隆『永井隆全集』講談社、一九七一年
NHK制作テレビ番組「長崎の鐘は鳴り続ける」二〇〇〇年八月七日放送

2　核廃絶運動一筋に生きた湯川秀樹

小沼通二『湯川秀樹の戦争と平和　ノーベル賞科学者が遺した希望』岩波書店（ブックレット）、二〇二〇年
川崎哲「核兵器の『非人道性』から禁止条約へ」、『世界』岩波書店、二〇一三年一二月号所収
川名英之『核の時代70年』緑風出版、二〇一五年
ノエル・ロリオ『イレーヌ・ジョリオ＝キュリー』伊藤力司・伊藤道子訳、共同通信社、一九九四年
NHK制作テレビ番組「ザ・プロファイラー　マリー・キュリー　科学愛こそ私のプライド」二〇一四年一一月四日放送

前掲番組「BS歴史館　キュリー夫人と放射能の時代　人は原子の時代とどう向き合うか」二〇一二年一一月二四日放送
前掲番組「フランケンシュタインの誘惑#2　原爆誕生　科学者たちの罪と罰」二〇一六年一一月二四日放送
前掲番組「ラストメッセージ　第2集　核なき世界を　湯川秀樹」二〇一六年二月一四日放送（二〇〇六年制作番組の再放送）

第5章　難民・人種差別・分断

1　ユダヤ人六千人をビザで救った外交官杉原千畝

杉原幸子『六千人命のビザ』大正出版、一九九四年
白石仁章『杉原千畝　情報に賭けた外交官』新潮社、二〇一五年
村上伸『人と思想92　ボンヘッファー』清水書院、二〇一四年

2　難民救済対策を改善した緒方貞子国連弁務官

緒方貞子『聞き書　緒方貞子回想録』野林健・納家政嗣編、岩波書店、二〇一五年
緒方貞子『紛争と難民　緒方貞子の回想』集英社、二〇〇六年
緒方貞子『私の仕事　国連難民高等弁務官の10年と平和の構築』朝日新聞出版、二〇一七年
NHK制作テレビ番組「ETV特集　すべての人々に尊厳を――緒方貞子が遺したもの」、二〇二〇年一月一八日放送

3　黒人差別を撤廃させたキング牧師

ウイリアム・サリバン、ビル・ブラウン『FBI　独裁者フーバー長官』土屋政雄訳、中央公論新社、二〇〇二年

クレイボーン・カーソン『マーティン・ルーサー・キング自伝』梶原寿訳、日本基督教団出版局、二〇〇二年
クレイボーン・カーソン『私には夢がある　M・L・キング説教・講演集』クリスシェパード編、梶原寿訳、新教出版社、二〇〇三年
黒崎真『マーティン・ルーサー・キング　非暴力の闘士』岩波書店、二〇一八年
NHK制作テレビ番組「その時、歴史が動いた　I Have a Dream——キング牧師のアメリカ市民革命」二〇〇八年一一月一二日放送

4　ベルリンの壁崩壊の陰にフューラー牧師

川名英之『世界の環境問題〈第1巻〉ドイツと北欧』緑風出版、二〇〇五年
川名英之『世界の環境問題〈第3巻〉中・東欧』緑風出版、二〇〇八年
NHKテレビ番組「シリーズこうしてベルリンの壁は崩壊した　第1回　ライプチヒ　市民たちの反乱」二〇〇九年
前掲番組「シリーズこうしてベルリンの壁は崩壊した　第2回　首都が揺れた」二〇〇九年

5　ベートーヴェン不朽の名作「第九・合唱」の誕生

小松雄一郎『ベートーヴェン第九　フランス大革命に生きる』築地書館、一九七九年
長谷川千秋『ベートーヴェン』岩波書店、一九三八年
矢羽々崇『「歓喜に寄せて」の物語：シラーとベートーヴェンの「第九」』現代書館、二〇〇七年
ベートーヴェン『新編　ベートーヴェンの手紙』上下巻、小松雄一郎訳、岩波書店、一九八二年
NHK制作テレビ番組「偉人たちの健康診断　ベートーヴェン　第九誕生！　難聴との闘い」二〇二〇年一月一九日放送

終章　より住みよい社会を創るために

賀川豊彦記念松沢資料館編『日本キリスト教史における賀川豊彦　その思想と実践』新教出版社、二〇一一年
ロバート・シルジェン『賀川豊彦　愛と社会正義を追い求めた生涯』賀川豊彦記念松沢資料館監訳、新教出版社、二〇〇七年
テレビ朝日制作テレビ番組「昭和偉人伝　21世紀をデザインした男――賀川豊彦」二〇一六年一一月三〇日放送
NHK制作テレビ番組「英雄たちの選択『本当の幸せを探して　教師・宮沢賢治　希望の教室』」二〇一七年一一月一五日放送

川名英之（かわな・ひでゆき）
環境ジャーナリスト。1935年、千葉県生まれ。東京外国語大学ドイツ語科卒、毎日新聞社に入社。1963～1964年、ウイーン大学へ文部省交換留学、社会部に所属し、主に環境庁・環境問題を担当、1985年に編集委員、89年に立教大学法学部非常勤講師。90年、毎日新聞社を定年退職し、環境問題の著述に従事。この間、津田塾大学国際学科などの非常勤講師。

〔主な著書〕『ドキュメント　日本の公害』全13巻（1987～96年）、『ドキュメント　クロム公害事件』（1983年）、『検証・ダイオキシン汚染』（1998年）、『どう創る循環型社会』（1999年）、『検証・ディーゼル車公害』（2001年）、『杉並病公害』（2002年）、『検証・カネミ油症事件』（2005年）。『世界の環境問題』全11巻（2006～2015年）、『核の時代70年』（2015年）以上緑風出版、『「地球環境」破局』（1996年）紀伊国屋書店、『こうして…森と緑は守られた　自然保護と環境の国ドイツ』（1999年）三修社、『資料「環境問題」地球環境編』（2000年）日本専門図書出版、『なぜドイツは脱原発を選んだのか　巨大事故・市民運動・国家』（2013年）合同出版

社会問題に挑んだ人々

2021年4月5日　初版第1刷発行

著者 ――― 川名英之
発行者 ―― 平田　勝
発行 ――― 花伝社
発売 ――― 共栄書房
〒101-0065　東京都千代田区西神田2-5-11出版輸送ビル2F
電話　03-3263-3813
FAX　03-3239-8272
E-mail　info@kadensha.net
URL　http://www.kadensha.net
振替 ――― 00140-6-59661
装幀 ――― 佐々木正見（ササキデザイン）
カバーイラスト ― 平田真咲
印刷・製本 ― 中央精版印刷株式会社

ISBN978-4-7634-0961-4 C0036